U0495003

苏霍姆林斯基
（1918—1970）

苏霍姆林斯基教育理论体系

做人的故事

育人三部曲

苏霍姆林斯基评传

苏霍姆林斯基教育学说

育人三部曲

做人的故事

苏霍姆林斯基教育智慧格言

◆ 本书是"苏霍姆林斯基育人系列名著"中的一种,为苏霍姆林斯基的代表作之一。它是苏霍姆林斯基对自己几十年教育教学经验和研究成果所做的总结、提炼。作者通过许多鲜活、生动的具体事例,用几个专题形象地阐明了自己的教育信念——相信人,即大力弘扬人道主义教育,将孩子视为与教育者平等的、应受尊重的活生生的人来对待。本书集中地反映和体现了苏霍姆林斯基一直强调的"教育学就是人学"的论断,并揭示了教育的奥秘在于:相信是一种力量,在这种力量的鼓舞下,每一个学生的天赋都能够得到发展,每一个学生特有的智慧都能够大放异彩。

"苏霍姆林斯基育人系列名著"编辑出版委员会

顾问 顾明远 苏霍姆林斯卡娅

主编 诸惠芳 肖 甦

委员（按姓名汉语拼音排序）

　　高 文　韩华球　李晓萌　刘立德　任长松

　　王义高　王迎兰　肖 甦　叶玉华　诸惠芳

丛书责编 韩华球 刘立德

本卷责编 韩华球

苏霍姆林斯基育人系列名著

要相信人

〔苏〕苏霍姆林斯基　著

诸惠芳　译

中国教育出版传媒集团
人民教育出版社
·北京·

图书在版编目（CIP）数据

要相信人 /（苏）苏霍姆林斯基著；诸惠芳译. 北京：人民教育出版社，2024.7
--ISBN 978-7-107-38377-9

Ⅰ. G40-095.12

中国国家版本馆CIP数据核字第2024RQ7773号

要相信人

出版发行		人民教育出版社
		（北京市海淀区中关村南大街17号院1号楼　邮编：100081）
网　　址		http://www.pep.com.cn
经　　销		全国新华书店
印　　刷		北京中科印刷有限公司
版　　次		2024年7月第1版
印　　次		2024年8月第1次印刷
开　　本		787毫米×1 092毫米　1/16
插　　页		1
印　　张		10
字　　数		110千字
定　　价		33.00元

版权所有·未经许可不得采用任何方式擅自复制或使用本产品任何部分·违者必究
如发现内容质量问题、印装质量问题，请与本社联系。电话：400-810-5788

"苏霍姆林斯基育人系列名著"出版说明

苏霍姆林斯基是享有国际盛誉的著名教育家,是对当代中国基础教育影响最大的外国教育家。他的教育著作被称为"活的教育学"和"学校教育的百科全书",在世界各国特别是我国的中小学教师中产生了非常广泛和深远的影响。

长期以来,人民教育出版社一直非常重视传播苏霍姆林斯基教育思想和相关研究成果。早在20世纪50年代,我社编辑出版的《教育译报》杂志就刊登了苏霍姆林斯基关于劳动教育的文章。改革开放以来,我社编辑出版的外国教育史教材中都设有专章评介苏霍姆林斯基的教育思想和事迹。1992年,我社出版了王天一教授撰著的《苏霍姆林斯基教育理论体系》(2003年修订再版)。1998年,出版了苏霍姆林斯基的《育人三部曲》和《做人的故事》(2015年将这两部著作纳入"汉译世界教育经典丛书"再版)。2014年,出版了肖甦教授主编译的《苏霍姆林斯基教育智慧格言》。2017年、2018年,分别出版了孙孔懿研究员撰著的《苏霍姆林斯基评传》和《苏霍姆林斯基教育学说》。2018年9月26日,我社主办了纪念苏霍姆林斯基诞辰100周年座谈会暨《苏霍姆林斯基教育学说》首发式。这些论著的出版和活动的举行,对苏霍姆林斯基教育思想在中国的传播做出了应有的贡献。

正如苏霍姆林斯基所强调的,日新月异的新时代终究还是"人"的时代,教育的出发点和落脚点也依然是"人"。苏霍姆林斯基的教育经典著作在当下依然具有毋庸置疑的时代价值。为此,我社以"育人"为主题策划出版"苏霍姆林斯基育人系列名著"。该丛书包括苏霍姆林斯基的10部代表性著作:《把整个心灵献给孩子》《公民的诞生》《给儿子的信》《做人的故事》《要相信人》《关于人的思考》《怎样培养真正的人》《关于人的全面发展教育问题》《给教师的一百条建议》《帕夫雷什中学》。从书目选择方面看,其中有些是20世纪80年代出版后就没有再版过的;从修订和翻译情况看,有些是对原译本的修订,有些是全新译本,并且修订本和新译本超过丛书的一半。我们希望本系列名著成为发展素质教育、落实立德树人根本任务、推进人的全面发展的重要参照和精神食粮。

欢迎广大读者对本系列名著的编辑出版工作提出宝贵意见和建议,以使之不断完善。

人民教育出版社

2023年4月23日

超越时空的人道主义教育学经典
——"苏霍姆林斯基育人系列名著"总序

在世界教育思想宝库中,苏联教育家苏霍姆林斯基(В. А. Сухомлинский)的人道主义教育思想体系是其中一颗璀璨明珠,这一思想体系不仅丰富、深刻,而且深深扎根于教育实践,富有鲜活的生命力。它的基本宗旨是培养全面和谐发展的人,在"教育学就是人学"的核心命题下,教学以人为本、育人以德为先是其精髓所在,而以立德为准绳、使德智体美劳各育相互融通的和谐施教观则是其实践的基本路径。苏霍姆林斯基用自己全部的教育生涯和丰富的教育著述,建构了这个具有鲜明特色的人道主义教育理论与实践体系。其人学意蕴的教育学观超越了他所处的时代,不仅影响了相同社会制度国家的教育,而且超越了社会制度与意识形态,受到世界上不同国家的共同关注。

苏霍姆林斯基的教育思想对中国基础教育界的影响尤其突出,他的全面和谐发展的教育理论与实践影响了中国几代教育人。20世纪50年代，苏霍姆林斯基关于劳动教育的文章就被翻译成中文刊登在我国教育期刊上；1958年，中国杭州的年轻教师王宜就曾到帕夫雷什中学拜访过苏霍姆林斯基校长。从20世纪70年代末开始，中国教育界就对苏霍姆林斯基教育体系进行大规模的传播和研究。40余年来，这位教育大师的大部分著作已被翻译成中文，各种译著的出版发行总量已达到数百万册。在研读其著作、践行其理论的过程中，我国的教育研究者、教育管理者、普通的学校教师及高等学校教育学专业的学习者撰写的研究性著作、学术文章、学位论文、读书笔记、学习心得等多达数万篇（部）。时至今日，苏霍姆林斯基的众多著作仍是我国广大教育工作者爱不释手的案头书。

我国广大教育同人对苏霍姆林斯基思想与作品的追求与喜爱，不仅证明了这位教育家的人格魅力、其理论体系的影响力与吸引力，而且从一个侧面表明，苏霍姆林斯基著作的出版发行是一项具有常态化市场需求的高质量工程。为适应新时代苏霍姆林斯基教育思想研学热情持续升温的新形势，严把译著出版质量关，满足经典作品普及的需求，一些出版社陆续启动了苏霍姆林斯基教育著作再版再译或新版新译工程。

欣闻人民教育出版社已选定10部苏霍姆林斯基的著作，以修订原译与重新翻译相结合为原则，集合成"苏霍姆林斯基育人系列名著"出版。我认为这是一个非常好的创意。一方面，苏霍姆林斯基的人道主义教育学思想与当下我国教育改革的需求高度契合，对于促进立德树人、全面和谐发展、德智体美劳五育并举及"双减"政策的有效落实，不仅不过时，而且具有启发借鉴的意义。另一方面，苏霍姆林斯基去世已超过50年，其所有已出版的著作进入公版领域，而在我国随即掀起的新一轮苏霍姆林斯基著作出版热中，有少数为蹭热度，单纯追求经济利益的短平快翻译出版物，其质量令人担忧，给广大读者造成了不少困惑。因此，作为国家级教育出版大社，人民教育出版社的上述决策值得点赞，反映了其使命意识和责任担当。

"苏霍姆林斯基育人系列名著"包括：《把整个心灵献给孩子》《公民的诞生》《给儿子的信》《做人的故事》《要相信人》《关于人的思考》《怎样培养真正的人》《关于人的全面发展教育问题》《给教师的一百条建议》《帕夫雷什中学》。这些图书有的是我们耳熟能详的，有的在20世纪80年代出版后就没有再版过。从书名上看，有些保持了旧有翻译，有些做了改动，比如，之前 Верьте в Человека 译成《要相信孩子》，而原著书名中的"человек"实际上是"人"的意思，作者的本意就是告诫教育者要将孩子视为平等的、应被尊重的人来对待和信任，这也是苏霍姆林斯基人道主义教育学的初衷所在。盖因20世纪80年代初期我国处于改革开放起步阶段，在舶来品图书书名上突出人、人性、人道主义的色彩尚不具备条件，所以，为求稳妥又不过多改变原意，最初的翻译选择了《要相信孩子》作为书名。此次该书的全新译本还原著书名以本来面貌，译为《要相信人》。

这套丛书中的各部著作在写作风格上各有特色，记叙型、议叙结合型、对话问答型、学理研究型皆有，篇幅也不尽相同，但它们的书名基本都有"人"的存在，在内容上亦有共同的特征：都直接聚焦活生生的人如何得以全面和谐发展，都是作为教师和校长的苏霍姆林斯基对27年帕夫雷什中学的教育实践、围绕教育的普遍规律与人的个性发展特质所进行的深度思考和认知表达。我非常赞同人民教育出版社将这些著作集合于同一系列，并冠之以"育人系列名著"的表达，因为这恰如其分地凸显了苏霍姆林斯基人道主义教育学的基本特征。

那么，这位伟大教育家的全面和谐发展教育体系究竟是怎样的人道主义教育学，又怎样能成为经久不衰的、备受教育工作者推崇与珍爱的"学校教育的百科全书"呢？让我们带着崇高的敬意和理性的思考再度走近苏霍姆林斯基，检视其教育思想超越时空的永恒价值和现实影响力吧。

一、为什么说教育学就是人学？

苏霍姆林斯基的人道主义教育学产生于他所处的时代，既离不开其个人成长的生活环境与社会背景，也离不开其教育科学的理论积累和实践探究。"教育学就是人学"，在对教育如此独到精准定性的不断求索中，苏霍姆林斯基为培养全面和谐发展的人、有德行的人、能自主获得幸福的人殚精竭虑，奉献了毕生的精力。

（一）形成人学教育观的重要动因

105年前，在乌克兰中部的一个村庄，一个婴儿呱呱坠地。在普通的家庭中，在平凡的日子里，得益于祖辈、父辈对孩子进行的自然、朴实、人本的教育，这个孩子从小学到中学，到师范专科，再到函授高等师范，逐渐长大成人，成为一名中学教师。他就是苏霍姆林斯基。他成长的环境是普通农村，他求学就业的轨迹没有什么特殊的，他在生活中积累经验、获取知识、磨砺本领、提升智慧。如果没有爆发战争，他可能会像千千万万个普通苏联公民一样，在自己的工作岗位上完成乡村教师的一生。

然而，历史没有这个"如果"，恰恰是第二次世界大战的战火改变了苏联的命运，也改变了作为普通苏联公民的苏霍姆林斯基的命运。这场反法西斯战争使苏联人民付出了近 2 700 万个鲜活的生命，几乎没有家庭能幸免于战争的伤害。苏霍姆林斯基的家乡、他的至爱亲人、他自己都成为这场战争的受害者。1941 年秋，苏霍姆林斯基以连队指导员的身份奔赴前线。残酷的战争让他两度负伤，在第二次重伤后的战地手术中，因医疗条件有限，两块在胸部的弹片无法取出，影响了他的健康。也正是这两块一直留在身体内的弹片重塑了他的生命轨迹和思想轨迹：连队指导员、退伍转业军人、地方教育管理者、基层乡村学校的校长、用生命致力于人道主义教育探索的理论型实践家。

体内残留的弹片导致了苏霍姆林斯基与生命赛跑的倒计时人生。医生告诉他，一旦弹片移动至心脏附近的血管，生命随时可能戛然而止。虽然小小的弹片给苏霍姆林斯基带来肉体上终身的痛苦，但也促使他不停歇地思考，思考侵略战争的罪恶、和平的意义、人性的本质、教育的功用。他确认：个人的和谐发展是家庭和谐、社会安定、世界和平、人类幸福的基本前提；人性的塑造有赖于教育，教育必须培养人性、培养德行；和谐发展、以德为先乃教育之根本任务。随着大量的教育实践和探索，他的观点越发清晰——就教育本质的深刻性而言，教育学就是人学！教育的使命就是培养人性！

在平凡的工作岗位上，在同病痛抗争的日日夜夜里，苏霍姆林斯基将乡村学校作为新的战场，依靠坚定的教育信念和丰富的教育智慧，通过梳理丰富多样的教育案例及展开理论与实践的转换与提升，给人们留下了近50部专著、600多篇论文、1 500多个教育寓言和不计其数的教育书信。这些生动鲜活的文字让更多的教育者了解其人学教育观的真谛，并继续其人道主义教育学的实践探究。

（二）教育必须看见人，关注人本身

走近苏霍姆林斯基的教育遗产，我们不难发现，他的著作中无一不涉及人、人性、培养人、培养真正的人、培养大写的人、培养全面和谐发展的人等内容。他反复强调，教育学首先就是人学，必须注重人本身，必须是和谐的教育。他坚持认为，人在时代变革中的重要地位无可比拟，尽管人类似乎已生活在数学、物理学、电子学的时代，但更重要的是"世界正进入一个'人的世纪'。我们现在应当比以往任何时候都更多地考虑：要用什么来充实人的心灵"[1]。他指出，自然科学的重要性无须争辩，但同样重要的是施以道德教育、精神影响。苏霍姆林斯基一再申明，教育，首先是教师跟孩子在精神上的经常接触，他的生活、健康、智慧、性格、意志、公民表现和精神面貌，他在生活中的地位和作用，他的幸福，都取决于教师。"教师的职业是一门研究人的学问，要长期不断地深入人的复杂的精神世界。在人的身上经常能发现新的东西，对新的东西感到惊奇，

---

[1] ［苏］苏霍姆林斯基著，赵玮等译：《和青年校长的谈话》，教育科学出版社2009年版，第166页。

能看到形成过程中的人——这种出色的特点就是滋养教育工作才能的基础。"[1]"学校教育的理想是培养全面和谐发展的人，社会进步的积极参与者。"[2] 苏霍姆林斯基在自己的著述中提及教育使命和职能的话题时，较多地使用"人"而不是"孩子""学生"来表述，这一语言特点在一定层面上体现出其人学教育观的厚重所在。

教育以人为出发点，就必须符合人在现实生活中发展的实际需求。针对当时教育目标或是单纯为升学做准备，或是单纯为就业做准备，苏霍姆林斯基提出，学校的根本目标是培养全面和谐发展的、富有创造性并精神充实的公民和能收获幸福的个人。他认为这个目标是人一生的基础，有助于升学和就业，既给社会提供创造性的建设人才与合格公民，又保证每个人精神充实且生活幸福。他说："远非每个人都能成为学者、作家、演员，远非每个人都能发明火药，但每个人应当成为自己行业上的能手——此乃个人全面发展的重要条件。"[3]

基于如此的人学教育观，苏霍姆林斯基强调，教育首先应当看见人、关注人，而且必须尊重人、相信人，从而完成启迪人、培养人的使命。他认为，每个人都是独立的，每个孩子亦各不相同，每个孩子都是一个独一无二的精神世界。"教师要善于在每一个学生面

---

[1] 蔡汀、王义高、祖晶主编：《苏霍姆林斯基选集》第二卷，教育科学出版社2001年版，第535页。
[2] ［苏］苏霍姆林斯基著，赵玮等译：《帕夫雷什中学》，教育科学出版社1983年版，前言第9页。
[3] 蔡汀、王义高、祖晶主编：《苏霍姆林斯基选集》第一卷，教育科学出版社2001年版，第47页。

前,甚至是最平庸的、在智力发展上最有困难的学生面前,都向他打开他的精神发展的领域,使他能在这个领域里达到顶点,显示自己,宣告大写的'我'的存在,从人的自尊感的泉源中汲取力量,感到自己并不低人一等,而是一个精神丰富的人。"[1]

在苏霍姆林斯基眼中,看见人还有更丰富、更人性的意思。他认为,"看见"与"看到"是不同的,"看见"之更深层的教育含义在于:教育者不只看到人的物理形态,更要看见其精神形态;教育者不仅要看到孩子的现实形态,还应预见其未来形态;教育者应当从孩子身上看见未来的父母,从学生身上看见未来的社会建设者。他曾反复告诫教育者:一个人无论今后成为什么样的人,他都将会成为父亲或母亲,高明的教育之道是要善于把学生看作未来的父亲或母亲,要善于从这样的立场来看待教育现象,因为"再过20年,我们的小学生就会领着自己的儿子来上学,就会跟我们一起来思考怎样更好地教育他"[2]。显然,在这里,把孩子视为父母实施教育的意义已经不局限于儿童教育学、家长教育学的范畴,而是苏霍姆林斯基整体的人学教育观的起始环节、关键环节。

社会由人集合而成,社会的整体素质取决于许许多多的个人素质,人天生无好坏之分,教育对培养精神层面的人至关重要。看见人,看见孩子,是要关注孩子的精神世界;尊重人,尊重孩子,是要尊重将会为人父母的孩子;培养人,培养孩子,是要培养和谐发

---

[1][2] 蔡汀、王义高、祖晶主编:《苏霍姆林斯基选集》第一卷,教育科学出版社2001年版,第94、112页。

展的孩子。因循这样的人学教育观，人们就不难理解，关注人本身，关注孩子个体的成长，也就意味着关注未来家庭的健康与和谐；关注未来家庭的和谐发展，也就意味着关注以社会基本成员与基本单位的和谐发展为基础的社会整体的健康发展与不断进步。于是，教育影响如此由个别向一般展开，教育功能如此由个体向集群释放，恰恰又是以人为本的教育哲学命题的有序逻辑拆解。

二、苏霍姆林斯基人学教育观的核心内涵

培养真正的人、全面和谐发展的人，是苏霍姆林斯基穷其一生都在思考和探索的问题。他用亲身的教育实践和丰富的理性思考证明了和谐发展的教育必须是德智体美劳五育相互渗透的立体系统，是以人为本、和谐发展的教育。

（一）人学教育观的核心目标是人的全面和谐发展

苏霍姆林斯基在去世前曾竭尽全力拼命干，以便结束主要的工作，即完成几本尚未写完的书。人们不禁要问：这究竟是些怎样的书，能让这位教育家仍以忘我的意志力笔耕不辍于病榻之上？循作者创作年谱看去，我们发现，《怎样培养真正的人》《关于人的全面发展教育问题》两部作品醒目于其中，都是作者写到生命的最后并在其去世后出版的重要著作。前者以对60个问题作答的形式，从学校、家庭、社会、师生等多个角度，详尽阐述何为真正的人、如何培养真正的人；后者是作者准备用来申请教育学博士学位答辩的论文，集合了作者毕生对人的全面和谐发展教育一些重大问题的深刻理性思考和人道主义教育实践探索的经验概括，虽未及答辩，但著作出版后被苏联教育界公认是一篇优秀的博士论文。

真正的人应该是什么样的呢？在苏霍姆林斯基眼里，人作为人而出生，应该努力成为一个大写的人、真正的人，一个有精神追求的人。真正的人要有精神需求和精神财富，要有信仰，有信念，有自尊，有智慧，有健壮的体魄，有发现美的需要，有爱劳动的热情和能力，有爱人之心和同情心，有奉献的精神，有成为好人的热望。"真正的人要有一种精神——人的精神，这种人的精神会在信念与情感、意志与追求之中，会在对待他人和自己本人的态度上，会在分明的爱与憎，在善于看到理想并为之而奋斗方面表现出来。"[1]

全面和谐发展又是怎样的发展呢？苏霍姆林斯基认为，实现人的全面发展，实际上是实现个体的充分发展，实现个性的身心力量的多方面发展，创造个性综合素养得以持续提升的可能性。在他看来，"在一个全面发展的、活生生的、有血有肉的人身上，体现出力量、能力、热情和需要的完满与和谐"[2]，在这种和谐里应能看到"道德的、思想的、公民的、智力的、创造的、劳动的、审美的、情感的、身体的完善等"[3]。苏霍姆林斯基细致地、立体地用五种角色来勾勒全面和谐发展的形象：第一，是社会物质生产领域和精神生活领域中的创造者；第二，是物质和精神财富的享用者；第三，是有道德和文化素养的人，是人类文化财富的鉴赏者和细心的保护者；第

---

[1] 蔡汀、王义高、祖晶主编：《苏霍姆林斯基选集》第二卷，教育科学出版社 2001 年版，第 196—197 页。

[2][3] ［苏］苏霍姆林斯基著，王家驹等译：《关于全面发展教育的问题》，湖南教育出版社 1984 年版，第 12 页。

四,是积极的社会活动者、公民;第五,是基于崇高道德的新家庭的建立者。① 全面和谐发展的人集五种角色于一身的观点,不仅体现了个体发展的全面性、和谐性,而且阐明了作为个体的人与社会的人同命运发展的逻辑性和动态性,从而再次彰显出这位伟大教育家人学教育观的深刻性和前瞻性。

(二)实现全面和谐发展的基本路径是和谐教育,主导方向是立德为先

"人是要教育的,为此必须懂得用什么去进行教育和怎样进行教育。"② 为了实现培养全面和谐发展的人的教育目标,苏霍姆林斯基以丰富的理论辨析和实践探索予以了翔实论证。他认为,要实现人的全面发展的思想,必须深入改善整个教育过程,决定学生全面发展效果的重要环节是学校,全面发展思想渗透的路径是实施和谐教育,"没有和谐的教育工作,就不可能培养出和谐的全面发展的人"③。

苏霍姆林斯基在《关于和谐的教育的一些想法》一文中专门提到,和谐的教育就是如何把人的活动的两种职能结合起来,实现其平衡发展。一种职能是人认识和理解客观世界,另一种职能是人的自我表现。后者包括人的内在本质的表现,自己的世界观、观点、信念、意志力、性格在积极的劳动和创造中,以及在集体成员的相

---

① 蔡汀、王义高、祖晶主编:《苏霍姆林斯基选集》第四卷,教育科学出版社 2001 年版,第 13 页。
② [苏]苏霍姆林斯基著,赵玮等译:《和青年校长的谈话》,教育科学出版社 2009 年版,第 163 页。
③ 蔡汀、王义高、祖晶主编:《苏霍姆林斯基选集》第一卷,教育科学出版社 2001 年版,第 95 页。

互关系中的表现。①正是在这一点上，即在人的表现上，"应当加以深刻思考，并且朝着这个方向改革教育工作"②。他指出，现实中教育的弊端就在于人们所关注的"人的表现"出现了片面性、畸形的单方面性——"人的表现的唯一领域就是知识的评分"成为很多学校的普遍现象，这会成为教育不和谐、成长不和谐的根源。"如果教师和学校舆论唯一地根据分数来给一个人做出好的或坏的结论，那他就不会努力去当一个好人。因为上课、掌握知识、分数——这只是人的精神生活的一个局部，只是许多领域中的一个领域。而偏偏在这个领域中，许多人会遇到巨大的困难和挫折。"③为此，苏霍姆林斯基提醒教育者"时刻都不要忘记：有一样东西是任何教学大纲和教科书、任何教学方法和教学方式都没有做出规定的，这就是儿童的幸福和充实的精神生活"④。所以他确信："和谐的教育——这就是发现深藏在每一个人内心的财富。共产主义教育的明智，就在于使每一个人在他的天赋所及的一切领域中最充分地表现自己。人的充分的表现，这既是社会的幸福，也是个人的幸福。"⑤显然，在苏霍姆林斯基那里，和谐教育就是创造条件帮助人实现充分的表现，不仅是在认识世界、掌握知识的领域得到表现，而且要在天赋所及的所有领域，尤其是在精神生活中得到充分的表现，用他的话说，就是指使"人之所以能称其为人"的个性的和谐发展、其精神世界的和谐展现。

---

①②③④⑤〔苏〕苏霍姆林斯基著，杜殿坤编译：《给教师的建议》，教育科学出版社1984年版，第471、471、473、473、480页。

那么，和谐的教育、和谐的个性、和谐的精神世界以何为导向，又如何实现呢？苏霍姆林斯基就此回答道：培养全面发展的、和谐的个性之过程就在于，教育者在关注完善人的每个方面及特征的同时，时刻都要清楚它们之间的和谐是由某种主导的、首要的东西决定的，"在这个和谐里起决定作用的、主导的成分是道德"[①]。他反复强调："要使我们所教育的人多方面活动的道德丰富性在学校精神生活的一切领域中得到表现。"[②] 在分析科技发展促进社会发展条件下学校知识教育的特点时，苏霍姆林斯基认为，知识在人的道德面貌形成过程中具有非常重要的作用，自然科学知识不仅同关于人的知识、与人的心灵和信念直接相关的知识一样重要，而且"在当前这个时代，只有把道德美和智力的丰富性结合起来，不断地向青年们揭示出人的新的品质，你才可能博得年轻人的心灵和理智"[③]。现代科技与智慧赋予了人如此巨大的支配自然界的权力，以至于一个人就可以决定成千上万人的命运，此人的道德感、对于他人的义务感和使命感就要比知识和智能本身更重要，如核电站、铁路枢纽是由按钮控制的，而按钮就掌握在人的手里！苏霍姆林斯基用俄国著名自然科学家、哲学家罗蒙诺索夫贴切的名言提醒人们"知识如果掌握在没有道德之人手中，无异于疯子手持着利剑"。他强调必须注重知识水平与道德水平的相互关系，实现人的和谐发展，必须立德为先，以

---

①② 蔡汀、王义高、祖晶主编：《苏霍姆林斯基选集》第一卷，教育科学出版社2001年版，第93、96页。

③ ［苏］苏霍姆林斯基著，赵玮等译：《和青年校长的谈话》，教育科学出版社2009年版，第178页。

德育为引领。"人是一种精神力量。我在这一真理中看到了全部道德教育的一根红线。"①的确，在苏霍姆林斯基那里，人的全面和谐发展离不开贯穿于其中的德育红线，德育既是全面和谐发展的导向，又是和谐教育的标杆，在德智体美劳各育的实施与相互渗透中，它能将一个蹒跚学步的孩子培养成有思想、有信仰、有觉悟、有德行、有可持续发展动力的合格公民。

三、苏霍姆林斯基人学教育观的穿透力与影响力

苏霍姆林斯基是世界著名教育家，其人学教育观具有极强的穿透力和影响力。他的名字在20世纪50年代就已经从苏联走向了世界。时至他诞辰100多年之后的今天，世界上不同地方对其教育思想的研究与践行仍在继续。

（一）既是民族的财富，又是人类的财富

奥·苏霍姆林斯卡娅是苏霍姆林斯基的女儿，也是乌克兰教育科学院资深院士。受父亲的教育情怀的影响，她也把从事教育研究作为自己终身的事业。在做好本职学术研究的同时，她长期致力于其父亲教育著作的整理和教育思想的收集、挖掘工作，出版和发表了大量著作和论文。2018年，她应《比较教育研究》杂志之约，为纪念其父亲百年诞辰专门撰稿，文章的题目是《身心健康永远是教育的第一要务——苏霍姆林斯基儿童健康教育观的历史前瞻性》。笔者作为约稿人，在约稿时曾特地问她：为什么不写一个大视角大题

---

① ［苏］苏霍姆林斯基著，罗联辉译，欧阳馨校:《怎样培养真正的人》，湖南教育出版社1987年版，第1页。

目的文章,向我们介绍苏霍姆林斯基在世界范围内的影响,并解读他为什么能给世界的过去、现在乃至未来带来这些影响?她回答:"我整理父亲的遗产是因为他的思想体系有很强的教育意义和时代价值,而回答苏霍姆林斯基在全世界为何有如此影响,为何引起长期、持续关注这类问题,尤其不应当是我等作为子女的人的责任。我要做的是挖掘、研究你们尚未接触、尚未发现而我又因拥有继承其遗产优势所能注意到的一些新问题、新领域。苏霍姆林斯基的思想和远见是超前的,既超越了他的时代,又对当今时代具有现实意义。这次我写的是父亲关于孩子的健康教育和健康文明话题,当今世界任何东西都在发展,都在变化,唯有人,尤其孩子的健康是恒久不变的主题。没有这种身体的健康和心理的健康,世界将不会走远。"

乌克兰教育科学院院长科列缅教授认为,应当从民族国家的角度探讨苏霍姆林斯基思想体系的影响和价值。他指出,苏霍姆林斯基的教育遗产不仅是民族的,也是世界的财富。对于国家发展来说,苏霍姆林斯基为乌克兰教育科学的发展做出了贡献,其人道主义的、以儿童为中心的超前的教育理念依然起引领作用。对于世界来说,他的创造性贡献属于全人类,因为在苏霍姆林斯基的人道主义价值体系中,人是核心。人道主义作为培养全人类价值观的基础,是培养"在国家空间和全球化空间中发挥作用的人"所必需的教育特征。因此,苏霍姆林斯基教育思想是全人类的共同财富。

(二)超越时空的教育宝库

波兰科学院教育学委员会名誉主席、耄耋老人列沃维茨基称苏霍姆林斯基是坚定的人道主义思想的实践者。他认为苏霍姆林斯基的教育学是充满着人道主义精神的教育学，是善良教育学、爱的教育学、心灵教育学和快乐教育学。他呼吁人们向苏霍姆林斯基的教育经典致敬，要像苏霍姆林斯基那样用人道主义价值观来衡量人们的生活，展开教育。

澳大利亚的艾伦·科克里尔教授在自己的青年时代被苏霍姆林斯基的名字和学说吸引，专程自费去苏联做研究，并以苏霍姆林斯基的教育学说为选题完成了博士论文。回到澳大利亚，他在不同的教育机构工作时，都始终不遗余力地传播和研究苏霍姆林斯基的思想。他不但翻译了苏霍姆林斯基的著作，而且把苏霍姆林斯基撰写的德育小故事悉数翻译出来带进小学生的课堂。他引导孩子们把对故事的理解通过自己的双手创作成绘画，并将这种做法扩展到其他国家的同龄孩子中，让孩子们进行相同素材的个性化、创造性劳动。每个人对于故事的不同理解会呈现出不同的画面，在讲述自己作画的理由和特点的过程中，孩子们不但加深了对故事内涵的理解，而且得到了语言表达的锻炼和绘画美的陶冶，可谓德智美劳各育皆有成效。

德国研究者埃里卡·卡尔特曼博士认为，苏霍姆林斯基强调通过"情感文化"引导、教育儿童与自然交流，唤醒其情感，培养其性格。这不仅有助于儿童思维的发展，而且使其生长成与其天赋相对应的"真正的""精神上的"人。因此，在大自然中通过"情感文化"教育儿童的人学教育思想与实践是苏霍姆林斯基伟大的个人成就。

苏霍姆林斯基的思想一直被日本研究者关注。1998年，在北京师范大学举办的苏霍姆林斯基教育思想国际研讨会上,早稻田大学岩崎正吾教授与我不期而遇。在日本,他除了翻译出版大量的苏霍姆林斯基著作、发表众多相关教育研究成果,也在自己的学校实践中进行比对。他在梳理日本研究苏霍姆林斯基以及苏联教育学的特点时指出,苏联后期颇具影响力的教育改革思潮协动教育学(中国学者翻译成合作教育学)在很大程度上受到了苏霍姆林斯基和谐发展教育观的影响,体现了对学生个体人格的尊重,是在尊重基础上的师生平等的合作学习。这种观点对当时日本教育改革产生了尤其明显的影响。

不难发现,各国的研究者不约而同地将关注点落到了苏霍姆林斯基的人性观、人学观上,乃至有人直接阐明,苏霍姆林斯基教育思想超越时空的关键就是人道主义。的确,正是由于人、人性、人道主义是苏霍姆林斯基教育思想体系的核心,才吸引了不同国家教育研究者的关注,才殊途同归地解读出其核心思想的合理性、深刻性、永恒性。

(三)用生命与智慧写就的"活的教育学"

苏霍姆林斯基及其教育学说在中国的知名度很高。我国有世界上最庞大的教师队伍,教师数量达 1 800 万人。从这个意义上讲,苏霍姆林斯基不仅是中国教育界知名度最高的外国教育家之一,也是世界上知名度最高的教育家之一。中国教师对于苏霍姆林斯基的喜爱在于他的人学教育观朴素、真实、有温度,他对教育理念的诠释通俗、直观、有启发性,他对教育实践的梳理具体、生动、有代入感。他用生命与智慧写就的散发着人性光辉的"活的教育学"——

直被中国教育工作者视为"学校教育的百科全书"。

苏霍姆林斯基把教育视为自己的生命,视为人类的生命。他植根于最基层的教育现场,用全部的情感与智慧去爱孩子、爱学校、爱教育,用毕生的精力探索人的培养问题,探索教育的真谛。其思想脉络中最关键、最恒久不变的东西是人的真、善、美,是人性美德。他所致力于培养的人,是健康的个体、和谐的自己,是合格的未来父母,是故乡的人,是社会的人,是国家的人,是世界的人,是大写的人,是真正的人。正是对人性本真的珍视、追求与塑造,才使这位教育家的理论与实践体系得以超越时空。

苏霍姆林斯基把教育视为艺术。他始终在教育的舞台上思考教育的艺术和艺术的教育。阅读他的著作,能够让我们把教育不仅视为美学意义的艺术,视为发现的艺术、沟通的艺术,还视为情感的艺术、心灵的艺术,更视为成长的艺术、创造的艺术。他的教育信仰、教育理念、教育实践正是仰仗于他的思考的艺术、行动的艺术、语言的艺术深刻而生动地流淌于他的著作中,浓缩于他的文字里。徜徉于其作品中,我们在真挚与美感中感悟人格的魅力,在人格的魅力中汲取教育的智慧,在教育的智慧中思考育人的真谛,在育人的求索中激发创造的欲望……人格要用人格来培养,苏霍姆林斯基用毕生为我们做出了表率。

时光虽已越过 50 年,但苏霍姆林斯基并未走远。他既属于自己的那个时代,又超越了那个时代。尽管不同的时代有不同的主题和任务,但人性的根本实质不变,人学的基本使命不变。昨天的教师,今天的教师,无疑还有明天的教师,已经并将继续从这部"活的教育学"中受益。

四、结语

随着时代发展和科技变革,教育环境、形式和内容也在发生变化,但是正如苏霍姆林斯基所强调的,日新月异的新时代终究还是"人"的时代,教育的出发点和落脚点也依然是"人"。在"人"的时代,社会发展的不同阶段有不尽相同的教育主题和学校任务,但人性的根本实质与教育的基本使命始终是不变的。

因此,昔日苏霍姆林斯基的教育经典学说对于今天的我们不仅没有丝毫违和感,而且依然具有毋庸置疑的时代价值。他的人道主义教育思想依然鲜活,他的以道德教育为主线的和谐发展教育体系依然具有强烈的现实意义,他引用的"知识如果掌握在没有道德之人手中,无异于疯子手持着利剑"的名句比任何时候都更加振聋发聩,警醒世人。同样也因此,他的这些教育经典更加需要珍视,需要弘扬,需要深入研读和深刻反思。而这,不可或缺地需要对教育经典的深入研究及高质量译作的出版平台。

人民教育出版社在苏霍姆林斯基教育思想的传播与研究中贡献突出。1992年,出版了王天一撰著的《苏霍姆林斯基教育理论体系》。1993年出版的由毕淑芝、王义高主编的《当代外国教育思想研究》一书中,也有专章评介苏霍姆林斯基教育思想体系。1998年,《育人三部曲》《做人的故事》两部译著赶在8月出版,使我得以在同年秋天赴乌克兰参加纪念苏霍姆林斯基诞辰80周年国际研讨会时,把它们作为礼物送给了乌克兰苏霍姆林斯基国家图书馆和帕夫雷什中学图书馆。2014—2015年，将苏霍姆林斯基的《育人三部曲》《做人的故事》《苏霍姆林斯基教育智慧格言》三本译著纳入"汉译世界教育经典丛书"。这是对苏霍姆林斯基教育体系的历史价值与时代意义的又一次肯定。之后又出版了孙孔懿撰著的《苏霍姆林斯基评传》（2017）、《苏霍姆林斯基教育学说》（2018）等重量级的研究专著。

如今，人民教育出版社以"育人"为主题策划的"苏霍姆林斯基育人系列名著"即将出版，这在客观上可以更好地营造出苏霍姆林斯基人道主义教育学的立体空间。它既包括教育者，也包括受教育者；既包括学校，也包括家庭；既包括教育者的理念，也包括对不同学段孩子施教的措施与方法。其中丰富的、鲜活的教育案例能再次集中地呈现和彰显苏霍姆林斯基人学教育学育人的温度与深度、胸怀与情怀、形象与形态、画风与画面……相信人民教育出版社这次创意设计和出版努力，一定会使苏霍姆林斯基的思想学说进一步成为助力我国教育改革创新、推进全面和谐发展教育的营养丰富的精神食粮。

让我们珍视经典，弘扬经典，并向苏霍姆林斯基和他留下的教育经典致敬！

肖 甦

2023年3月

（总序作者系北京师范大学教育学部教授、博士生导师，全国苏霍姆林斯基研究会原会长，国际苏霍姆林斯基研究会理事）

本书译者前言

苏霍姆林斯基是享誉世界的苏联著名教育理论家和实践家。他毕其一生辛勤耕耘在教育第一线，以乌克兰的一所农村学校——帕夫雷什中学为实验基地，孜孜不倦地钻研教育理论，从理论与实践的结合上研究教育，全面探讨了普通教育各个领域的问题，提出了全面和谐发展的教育理论。苏霍姆林斯基的辉煌成就给他带来了很高的声誉，他被誉为"教育思想的泰斗"，被公认为苏联教育史上最成功的学者型教育实践家，他的著作被誉为"活的教育学""学校生活的百科全书"。苏霍姆林斯基的全面和谐发展的教育理论含有一个极其重要的观点，那就是他生前一直强调的"教育学就是人学"，这是他经过长期实践和深思熟虑之后得出的结论。

呈现在读者面前的这本小册子《要相信人》是从1960年俄文版译出的。它通过具体的事例，形象地阐明了苏霍姆林斯基的教育信念之一——相信人。在苏霍姆林斯基的教育思想体系中，"人"的问题始终居于核心地位，是他的全部思索和实践的出发点和归宿，贯穿于他的全部工作的方方面面。本书用《致读者》打头，十二篇文章既各自独立，又相互关联。本书用"要相信人"作为书名，阐明了作者写作这本书的主旨。尽管这本书中除了书名，正文中一次也没出现过"要相信人"这样的话，但是读者可以从字里行间体悟到"要相信人"的深刻内涵。

本书有以下六个关键词：道德尊严、集体、劳动、义务、责任、惩罚。

"道德尊严"一词在书中反复出现。苏霍姆林斯基主要是从品格的维度阐明对道德尊严的培养、维护和弘扬。令苏霍姆林斯基焦虑的问题包括：如何才能使善在人的身上占据上风？怎样才能使高尚的行为成为孩子本人的需求？怎样才能把人类积累的道德经验传授给孩子？苏霍姆林斯基认为，把这些问题归结起来就是教育者如何对受教育者施加影响的问题，这是一个永远都具有迫切性的大问题。他指出，教师应善于发现儿童身上所有好的东西并不懈地予以巩固和发展。他用形象的语言说道："通向儿童心灵的道路，不是一条只需要教师勤劳的手不时地去连根拔除路面杂草（恶习）的清洁的、平坦的小路，而是一片肥沃的田野，道德尊严的幼芽在这片土地上茁壮成长。教师应该像一位关心备至的耕耘者和播种者那样去扶持正在生长中的幼芽的羸弱的细根，去爱护伸向太阳的每一片嫩叶。"苏霍姆林斯基反思了自己刚入行时犯的过错，这样的过错几乎所有的教师都犯过并习以为常，这就是一味地致力于预防和根除学生的"恶习"。苦涩的经验使苏霍姆林斯基确信，采用这样的方法是培养不出坚定的道德信念的。他相信每个孩子都有天生的爱心善意，相信孩子虽然有缺点，但从来不会蓄意做坏事。他痛心地指出，孩子干了错事，教师有理有据地谴责这种行为，这些做法似乎像是出于与人为善的目的，但是所有这些善良的动机，只不过是动机而已，目的却是达不到的，恰恰相反，这种做法一而再、再而三地让孩子误以为自己是个坏孩子、野孩子、令人讨厌的孩子。对儿童的评价，从成人的观点看越恳切、越恰当，给孩子造成的心灵的伤痛却越深，越让孩子感到无所适从以至慌乱，使本无经验的孩子行事更冒失、更轻率。苏霍姆林斯基呼吁要关心、呵护孩子的心灵，要让真善美在儿童的心灵中占据主导地位。他着重指出要培养、维护和弘扬集体和个人的道德尊严。

尊严是在人际关系中产生的，是在相互尊重中体现的，存在于权利与义务之中，而道德尊严是人的主体作为的结果，来源于人的有利于社会和他人的行为（善行）。道德尊严更多地体现为一种道德自律，来自道德实践，离不开深刻的心理体验。基于这样的基本观点，苏霍姆林斯基在本书中提出了许多精辟的见解。

为了使孩子养成道德尊严，苏霍姆林斯基要求教师重视对学生道德面貌起决定性作用的优秀品质的养成和巩固，这样的品质有：热爱劳动，时刻准备完成社会所需要的任何工作，具有个人自尊感，随时随地关心他人，同情和关注同学，等等。他要求教师具有敏感性，他认为这种敏感性不仅仅是理解学生的精神世界的能力，还是一种将心比心的能力，即按孩子的思想和情感去生活的能力，把孩子的担忧和焦虑装进自己心中的能力，设身处地为孩子着想的能力。

他说，教师不是"寡淡无情的法官"，而是"一个活生生的人，能像孩子一样深刻地感受周围世界"。孩子们可以原谅教师出于善良动机而轻率地犯了急躁的毛病，但是永远也不能原谅教师冷冰冰的理性，也不能原谅教师置孩子们的担忧、焦虑于不顾而高高在上地发表长篇大论的说教。苏霍姆林斯基语重心长地写道："我越深入地理解孩子们的心灵世界，就越能思孩子们所思，和他们悲喜与共。我越来越明白了我们的教育工作的一条重要真理：在对儿童的心灵世界施加影响时不可以伤害最敏感的角落，即不可以凌辱他的人格。不恰当的、不明智的关心，如果伤害了儿童的人格、自尊和自豪感，就如同直接的凌辱，同样会刺痛孩子的心灵。"苏霍姆林斯基指出，学校中的所谓的"难教儿童"，他干坏事往往是出于习惯，而不是为了从中得到某种满足，是因为他从来没有体验过由于做好事而产生的快乐感，没有体验过由于某人承认他的优点而产生的道德满足感。有时候儿童感觉不到成人对自己的尊重，他也不善于证明自己的道德尊严，于是他常常会用一些出格的行为来引起成人对他的注意。苏霍姆林斯基情真意切地指出，没有一个孩子不想学好，坏的东西是压迫孩子的累赘，但孩子苦于不会把自己的力量引向正确的轨道。这时就需要体贴入微的、有同情心的教育者去帮助孩子。他建议教师"要成为培育儿童道德尊严的创造者"，"像园丁爱护嫁接到野生植物上的果树一样，去精心爱护树上每一根新培植的枝条，保护孩子身上一切好的东西"。苏霍姆林斯基告诉青年教师，儿童的任何一种行为都不可以与成人的类似行为相提并论。如果像对待成人的过错那样去揭发、谴责儿童的类似过错，就会在儿童敏感的心灵中长久地（往往是终生）留下创伤。犯了错的并被迫面对整个集体的儿童，会变得孤僻，躲避同学，更糟糕的是，他想做好事的热情和志向会衰退，想成为诚实的、道德高尚的人的愿望也会消退。他告诫教师，任何时候都不可以匆忙地去揭露儿童的消极的、不体面的行为，不要急于把儿童的所有缺点暴露在学生集体面前。要让孩子发挥出内在精神力量去改正自己的缺点，让学生集体在自己的伙伴身上首先看到的是好的品质。然而，富有同情心和无微不至的关怀，并不意味着原谅一切和没完没了的说教。真正富有同情心，就是要去创造并巩固儿童的道德尊严，给他机会去做体现集体主义精神的事情，去体验由于意识到自己的尊严而产生的真正的人的快乐和满足。这就是教育的艺术。

苏霍姆林斯基继承并发展了马卡连柯的集体主义教育思想，坚持在集体中，通过集体去培养、发展和巩固学生的道德尊严。他认为，在集体的活动中先进的社会思想表现得越鲜明，集体作为社会的一个小小的基层单位越积极地开展活动，集体的教育力量就越大。集体拥有的道德尊严应该在集体的每个成员的心中产生对自己的正义性的信心。他指出："集体的归属感是最重要的道德尊严，拥有了这种道德尊严，集体就能够对最不守纪律的、最无自制力的学生施加影响。"如果孩子意识到自己是集体的一员，如果学生集体是坚强的、团结的，那么集体就会拥有巨大的教育力量，它就有力量对哪怕是最严重的过错承担责任。往往在这样的情况下做了错事的青少年能深刻地意识到自己行为的荒唐，并因集体帮助他认识了错误而感谢集体。教师的任务就是要让每个学生都体验到对集体的感激之情，感激集体在自己困难时所给予的同情和帮助。集体对学生的道德尊严的承认和鼓励，是正确进行教育的极为重要的条件。儿童在一个为自己的道德尊严而自豪的集体中，就会自觉地努力学好；当意识到自己有益于集体、有益于社会时，他就会产生极其深刻的道德满足。

苏霍姆林斯基辩证地论述了个人与集体的关系，指出在培养集体观念时应该看到其中的每个儿童及其独一无二的精神世界，要关怀备至地教育每个儿童。对个人的教育是与对集体的教育紧密联系在一起的过程。教育就是要培养并发展儿童的自尊感，通过儿童的道德努力去形成他的道德面貌。但是如果儿童本人没有求好的志向，那么任何教育者都不可能在儿童的心灵中确立好的思想品质。然而当集体和教育者在儿童身上看到的首先是好的东西时，身处这样的集体中的儿童就会有求好的志向。苏霍姆林斯基指出，"每个孩子身上都有滋养其道德尊严的许多'根'，对这些'根'应该备加珍惜和保护"，必须"细致地、全面地观察并研究每个学生，找到其身上的'根'，从而让他们在中学的围墙内就插上能够飞翔的翅膀"。

苏霍姆林斯基认为，孩子从童年时代起就应该致力于确立集体的道德尊严，同学之间建立友谊和相互帮助、相互关心、相互承担义务与责任的关系。心灵美的人首先是对他人有爱心的人。帕夫雷什中学的教师尽力培养学生去关心他人：关心同学，关心家长，关心所有需要帮助和支持的人，让他们在这种相互关心中获得道德经验，养成无私的善良、真诚的同情、灵敏的反应之类的优秀的道德品质。学生在做出助人为乐的高尚行为时要花费精力和时间，个人利益会受到一定的损害，但正是有了这种个人自我牺牲的意识，他的自尊感也就确立起来了。苏霍姆林斯基认为："关心他人，意识到自己对他人负有道德上的义务，无偿地为他人付出劳动，所有这一切能使似乎是最粗俗的、很难接受教育的孩子的心灵变得高尚起来。即使最冷漠、最没有同情心的孩子，只要我们能成功地激励他们去关心其他孩子，就能使他们变成一个好的集体中的敏锐的、有同情心的成员。"苏霍姆林斯基要求让孩子尽早体验到公民尊严感，孩子有了这种体验，集体的信任对他来说就弥足珍贵，他就会更加珍惜自己的良好的声誉，对其他人的困难、需要和利益就越能做出积极的响应。

　　苏霍姆林斯基把带领学生积极参加为社会创造物质财富的生产劳动作为培养学生道德尊严的重要方式，让学生用自己的劳动去捍卫集体的荣誉，把学生培养成诚实的、有正义感的、忘我劳动的、敏感的、对人有同情心的、热衷于任何公益劳动的人。学生的生产劳动的教育价值就在于它的集体性。帕夫雷什中学学生的劳动具有高尚的社会目的。学生从自己应在不同阶段所掌握的技能技巧中看到了道德尊严，他的道德尊严的显露首先是由于他选择了自己喜爱的劳动并从中发掘出自己的精神力量，其身上的优点就能在符合其自然素质、爱好、能力的劳动过程中得到发展。苏霍姆林斯基认为，让儿童从童年起就有一种他特别喜欢的劳动，让他深刻地了解自己的能力和潜在条件，这是为他将来走向劳动生活、自由自觉地选择生活道路并正确地做好准备的最重要的条件。如果儿童在学生时代就找到了自我，他就能勇敢地、理性地、信心十足地走向生活。

道德尊严不排斥惩罚，因为道德尊严是对真善美的肯定和对罪恶的鞭挞，是扬善惩恶。惩罚的形式有法律惩罚、舆论惩罚和良心惩罚，苏霍姆林斯基在本书中说的是集体舆论和良心的惩罚。苏霍姆林斯基认为，惩罚是一种最精致的、不无危险的教育方法。许多教师在采用这种方法的时候常常犯错误。孩子通常对不公正是极其敏感的，对于公正与不公正、好与坏，孩子有自己的判断标准。在教师眼中不值一提的惩罚，孩子却理解是令人发指的不公正，深感受到了冤枉。但如果从孩子角度去深入分析，却会发现孩子往往是正确的，学生集体站在他一边。经验告诉苏霍姆林斯基，学校中的惩罚，十件中有九件是不公正的。不公正的惩罚往往是从小事开始的，起始于成人对孩子并非出于恶意，而是由于缺乏经验，由于不懂事而无意中干了出格的事做出的过激反应。经验教训使苏霍姆林斯基确信："惩罚永远是把双刃剑，最好将其搁置不用。无论孩子的过失多么严重，如果他不是出于恶意，就不应该予以惩罚。既然在孩子的生活中恶意是极为罕见的现象（在一万个孩子中未必能遇到一个孩子真的是出于恶意去做坏事的），那么，发生惩罚孩子的事情应该只是个例。"

苏霍姆林斯基对犯了错误、干了蠢事的孩子通常都予以原谅。他认为原谅能触及孩子自尊的最敏感的角落，使孩子产生意志力，去积极地改正错误。孩子不仅深深地为自己干的蠢事感到悔恨，并且积极地用行动去弥补过错。原谅产生的道德震撼往往比在同样情况下的惩罚强烈得多，而在一个好的儿童集体中，孩子们投向犯了错的小伙伴的眼神不是谴责的，也不是愤怒的、憎恨的，而是同情的。但苏霍姆林斯基并不否定惩罚，他认为惩罚是一种有效的教育方法，不过草率地采用惩罚会削弱学生集体，往往会导致学生互相包庇。刚出现相互包庇现象时，从学生的视角看，这是集体抵制教师的不公正的正当防卫。不管是什么样的事导致学生的相互包庇，问题的实质只能是教师不善于使用惩罚这种精致的教育方法。有时候教师甚至试图让班集体支持对某个学生施加的惩罚，制造虚假的舆论，甚至还企图以集体的名义施加惩罚。苏霍姆林斯基认为这样做是非常有害的，因为这样做只能在学生所拥有的贫乏的社会生活经验中增添一些似是而非的认识。有经验的教师善于利用集体中已形成的氛围，使集体能够从自己成员的出格行为中发现错误，委婉地、友好地表达对这种或那种恶习的批评态度，热忱地去帮助同学。他认为，如果让孩子们从低年级起就能在同学的不体面的行为中发现错误并致力于去帮助同学改正错误，效果就会好得多。

　　以上论述尚不足以全面概括苏霍姆林斯基关于"要相信人"的深邃的教育思想，敬请读者批评指正。

诸惠芳

2024 年 1 月

目 录

致读者 /1

一、更敏感地、谨慎地关注儿童的心灵 /5

二、集体的道德风尚——个人尊严的源泉 /23

三、让好品行在孩子身上占优势 /29

四、儿童道德尊严的养成离不开成人的引导和自身的努力 /39

五、宽容比惩罚更有效 /45

六、集体有责任去提高个人的精神境界 /53

七、对他人的关心和责任能强化儿童的自尊 /61

八、少先队员的社会义务 /79

九、共青团员的道德准则 /89

十、精心呵护滋养学生道德尊严的根 /99

十一、如何对待学校未能教育好的人 /109

十二、学校要对毕业生的命运负责 /115

致读者

亲爱的读者——年轻的教育工作者和少先队辅导员们：

我将此书献给你们——投身于培养人的心灵这一崇高事业的同志们。这本书是在思索我为之奉献了生命中 25 年岁月的、我深深热爱的教育工作时写下的。

教育工作带给我的不仅有快乐，也有忧伤。面对不守纪律的、懒怠的、不听话的、执拗的孩子，我不止一次地因意识到自己的无能为力而不安、懊恼，有时候极为痛苦。对教师的规劝、训斥、严厉警告或惩罚，甚至对来自集体的尖锐批评，这些孩子都采取颇具挑衅性的粗暴态度，或者表现出满不在乎的样子。他们不仅对自己的不光彩的行为毫无悔改之意，而且看上去似乎还在逞强，为自己的行为而自豪。

每当遇到这样的情况，我就深感需要好好探讨以下一些问题：如何才能使善在人的身上占据上风？应该把受教育者引上怎样的道路才能使高尚的行为成为他本人的需求？如何才能把人类积累的用之不竭的道德经验传授给孩子？怎样使人成为为共产主义道德而奋斗的积极进取的战士？

把这些问题归结起来就是教育者如何对受教育者施加影响的问题。这个问题在任何时候都具有头等重要的意义。

与日俱增的经验使我越来越确信，教师甚至教师集体对难教儿童束手无策的原因不在于这个孩子恶习难改，而在于教育过程本身走上了一条错误的道路：教师一味地致力于根除恶习，在最好的情况下只不过是预防恶习的出现。经验，往往是苦涩的经验使我确信，采用这样的方法是培养不出坚定的道德信念的。对学生的错误行为采取一定措施，进行具有说服力的批评，这些做法乍看起来都是为了把孩子教育好，但是所有这些善良的动机，只不过是动机而已，目的却是达不到的，因为这些做法一而再、再而三地让孩子确信他是个坏孩子、野孩子、令人讨厌的孩子。对儿童的评价，从成人的观点看越恳切、越恰当，我们给孩子造成的心灵的伤痛就越深，越让他感到自己无所适从，感到更加慌乱，使这个本无经验的人行事更冒失、更轻率。

我接触过成千上万名学生，奇怪的是，留给我印象最深的并不是那些无可挑剔的模范学生，而是那些独特的、与众不同的、相当难教的学生。他们看上去像是桀骜不驯的淘气包，表现出男孩子特有的顽皮、不听话和其他类似的"恶习"，但是透过这些现象可以看到只有这样的学生才会有的某种特点。生活渐渐地让我得出了一个结论：只要学校、教师集体和学生集体，尤其是教师付出努力，就可以把每个学生培养成为诚实的、忠诚的、热爱劳动的、坚强而勇敢的、无限忠于祖国和劳动人民的人。

通过生活实践，我逐渐坚信在教育工作中应遵循以下原则。

首先，从在学校工作的第一天起，就应该善于发现儿童身上所有好的东西，并不懈地予以巩固和发展。

如果用一个形象的比喻，那就是：通向儿童心灵的道路，不是一条只需要教师勤劳的手不时地去连根拔除路面杂草（恶习）的清洁的、平坦的小路，而是一片肥沃的田野，道德尊严的幼芽在这片土地上茁壮成长。教师应该像一位关心备至的耕耘者和播种者那样去扶持正在生长中的幼芽的羸弱的细根，去爱护伸向太阳的每一片嫩叶。恶习会自然而然地清除，在儿童中不知不觉消失得无影无踪。如果优秀品质的蓬勃枝丫挤走了那些恶习，恶习的消失就不会伴生任何不正常的现象。

其次，在培养集体时，应该看到其中的每一个儿童及其独一无二的精神世界，要关怀备至地教育每一个学生。对个人的教育，是与对集体的教育紧密联系在一起的过程，但在一定的意义上这是教育工作的一个特殊的领域。

上述原则不仅贯彻在生活中，也直接贯彻在我的教育工作中，即贯彻在作为学生的主要教育者的校长的工作中；这些原则也在我们的帕夫雷什中学的教师和少先队辅导员的工作中得到了贯彻。

我们主要关注的是养成并巩固那些对学生的道德面貌起主要的、决定性的作用的优秀品质，这样的品质有：热爱劳动，时刻准备完成社会所需要的任何工作，具有个人自尊感，随时随地关心他人，同情和关注同学。

一、更敏感地、谨慎地关注儿童的心灵

我在 17 岁时开始了自己的教育工作者的生涯，教授五年级的语言和文学，同时还担任少先队辅导员。

在少先队工作的第一年，发生了一件令我终生难忘的事。一个沉默寡言的、似乎有点孤僻的五年级学生沃洛佳打了同班同学谢廖扎。沃洛佳固执地一言不发，不愿意说出是什么原因促使他干出了不好的行为。谢廖扎也是什么也不肯说，但他在控告沃洛佳时没完没了地反复说，沃洛佳平白无故地打了他。

对于孩子们之间错综复杂的相互关系，当时的我还没有足够的经验，因此轻信了谢廖扎，认为只有沃洛佳一个人是打架的过失者。于是我把作为一个教师的仅有的武器搬出来对付沃洛佳。我精心地准备了与全班的教育谈话，我把沃洛佳说成是一个粗暴的、没有感情的、欺负弱小同学的人。我的真诚的、发自肺腑的言语对班级产生了影响，这带给我极大的满足。我感觉到了孩子们确实越来越相信沃洛佳是不对的。

但是同学们越这样看,沃洛佳的脸上越来越清晰地流露出不驯服、不后悔、不希望得到教师原谅的神色,并表现出相反的情感:自负地认为自己是正确的,毅然决然地继续把自己封闭起来并变得愤世嫉俗。他的这些情感都毫无掩饰地、清楚地表现在他那万分激动的、直接向我投来的目光里。

我觉得沃洛佳根本没有严肃的、站得住脚的理由证明自己是正确的。因此,我把他的坚持看作是固执,而不是儿童应有的一种好的坚定性。为了改变他固执的态度,我继续分析他的行为,把他定性为一个没有勇气请求同学原谅的顽固的人。

后来我才知道这个责难是不公正的,它是如此严苛,沃洛佳受不了了。他从座位上跳了起来,稍微压低了声音激动地说:

"我就是什么都不怕。我不说不是因为我害怕。谢廖扎自己清楚我为什么揍他。是他害怕承认……"

一次精心准备的教育活动就这样被彻底摧毁了。

我在第一时间与其说是明白了,不如说是感觉到了沃洛佳是正确的:只有坚信自己正确的人,才有可能这样坦率地说话。后来我知道了,沃洛佳真的是对的。

沃洛佳的这件事促使我回想起了我与孩子们之间,以及个别学生之间发生过的大大小小的冲突。是沃洛佳使我懂得了一个很重要的道理:敏感性——这不仅仅是理解学生的心灵世界的能力,还是一种将心比心的能力,即按他的思想和情感去生活的能力,把他的担忧和焦虑装进自己心中的能力,设身处地为他着想的能力。

从此以后我懂得了，教师不应该是一个寡淡无情的法官，只按照抽象的公正性的某部法典行事。教师应该是一个活生生的人，能像孩子一样深刻地感受周围世界。一个教师也会出于善良动机而一时急躁，对此孩子们是会原谅的，孩子们永远也不能原谅的是冷冰冰的理性和置孩子们的担忧、焦虑于不顾而高高在上地发表长篇大论的说教。

我越深入地理解孩子们的心灵世界，就越能思孩子们所思，和他们悲喜与共。我越来越明白我们的教育工作的一条重要真理：在对儿童的心灵世界施加影响时不可以伤害最敏感的角落，即不可以凌辱他的人格。不恰当的、不明智的关心，如果伤害了儿童的人格、自尊和自豪感，就如同直接的凌辱，同样会刺痛孩子的心灵。在我就职的帕夫雷什中学，我们是通过培养学生的自尊感来与偷偷地提示、抄袭、夹带等现象做斗争的。我们在开学后的最初几周里就培养孩子们以独立完成作业而自豪的情感。于是在完成书面作业或口头回答问题时，孩子们自己就会愤怒地拒绝"好心"同学塞给自己小纸条或给予提示的企图。

如果教师想要采取这种方式"帮助"学生，就更不妥当，更不得体了。遗憾的是，我在一堂地理课上看到了显而易见的此类"帮助"。课上教师要求七年级学生依据投影地图回答问题。但是教师特许一个久病的女学生依据普通地图回答问题。这个女学生打开了地图，把它挂好，开始结结巴巴地回答并哭了起来。因为教师的宽容使她感到受了侮辱。此后很长一段时间她不再信任这个地理教师，这个教师不得不花了许多精力去修复他们之间的非正常关系。

教师对自己的不讲求策略和反应不敏锐浑然不觉，从而使孩子越来越疏远自己，这样的事例在学校生活中是屡见不鲜的。我永远记得10年前发生在帕夫雷什中学的一件事。

那是一年级的第一堂课。40双专注的眼睛注视着教师。孩子们屏气凝神地听着关于学校的介绍和行为守则。当教师讲到手、耳朵、衣服的清洁时，所有的孩子都把自己的手放到桌面上并开始察看，还相互检查。这时候教师发现坐在第一排的一个黑眼睛的男孩的耳朵脏兮兮的。她看了这个孩子一眼后说：

"瞧瞧，格里沙的耳朵多脏呀……他没有洗耳朵。这个样子是不可以来上学的。"

男孩的脸涨红了，然后又变得苍白。其余39个孩子都看着他：有一些是怀着孩童的好奇心，还有一些流露出同情的神色。而格里沙不知道眼睛该往哪里看才能避开这些目光。幸运的是没有一个孩子是幸灾乐祸的。

教师很满意，觉得自己找到了成功的教育方式。她心想"这个孩子以后再也不会耳朵脏兮兮地就来上学了"。接着她又开始对孩子们讲应该怎样举手，教师提问时应该怎样起立，应该怎样请求教师允许自己离开教室。然而她既没有注意到格里沙一直到下课前都一动不动地坐在那里，也没有注意到格里沙已经不像在这之前那样目不转睛地注视着她的每一个动作。孩子的两只眼睛虽睁得大大的，但眼眶里却饱含着泪水。这个教师没有感觉到自己的言语给这个孩子造成了巨大的痛苦，他痛苦得连哭都哭不出来。这是格里沙平生第一次真正感到痛苦。

第二天，格里沙没来上学。这没有引起这个教师的注意，因为那天除了格里沙之外还有两个男孩也没来上学。第三天，格里沙来上学了，他头发理得短短的，脸洗得干干净净的，穿着一件白衬衫。他有点紧张地坐在位子上，眼睛盯着一处看，也许是看着课桌，也许是看着黑板。但是教师只注意到了他的干净的耳朵和手，没有发现他的紧张远非是七岁孩子专心致志的样子。

一年级算术课上，孩子们都很好地学会了借助小棍子从1数到10。只有格里沙一个人对数数没有信心，常常出错，而且还摆不好小棍子，因为他的手老是发抖。他总觉得全班同学都在看他的耳朵，于是他的脑袋垂得更低了。教师对这一切都毫无察觉，相反，她认为格里沙就是不专心，心不在焉，甚至还责备了他：

"应该专心！"

晚上，教师去找格里沙的妈妈了解格里沙为什么没来上学。格里沙的母亲说：

"第一天他从学校回来后就哭开了。我询问他是不是有人欺负他。他说肚子痛，我就让他留在家里了。他真的肚子不舒服，但一切都已平安过去了。后来他要我给他理发。他特别要求好好地给他洗洗头，还好几次让我看看他的耳朵后面是不是洗干净了。9月1日前我没在家，没来得及为他上学好好做准备。他是一个人去学校的。"

这个教师此时还什么都没反应过来。

孩子们已开始认读字母表上的第一批单词。格里沙上学前就已认识几乎全部字母，但在学校里他却读得很差：他的声音发颤，词尾的音好像被吞掉了,有时甚至落下了整个音节。教师又责备了格里沙,这回责备他懒惰、懈怠。

"你在家里又是什么也没读吗?不可以这样懒惰。"

字母在格里沙的眼前跳跃……教师怒不可遏,再次去找孩子的母亲告状,说孩子懒惰、粗枝大叶,还抱怨孩子的性格很不好。

这个教师所采用的方式是错误的,这给格里沙带来了严重的伤害。然而这个教师不但没有纠正自己的错误,反而一而再、再而三地加重自己对这个孩子的不公正的责难。

第一个学季结束时,格里沙的算术和阅读都得了2分。在教务会上,这个教师把格里沙不及格的原因归咎于孩子的懒惰、粗枝大叶、心不在焉。发成绩单后的第二天,格里沙的母亲就来找我了。她坚决要求我把他的儿子调到另一个班级去。起初,她一直不肯说出要求调班的原因,后来她才说出了原委。原来格里沙终于向母亲说出了自己的痛苦,倾诉了自己所受的莫大的委屈。他流着泪反复地对母亲说,全班孩子都看着他的耳朵。

我们在教务会上讨论了这个事件,展开了一场有关教育机智、儿童的自尊心和儿童的痛苦的严肃的讨论。这个事件告诉我们,教师对自己说的每句话、提的每个意见,应该周密考虑,字斟句酌,严肃对待。儿童的心是很敏感的,儿童的心是向一切好的东西敞开的。儿童身上即使有什么不好的东西,如果教师能向儿童提供好的榜样,激励他效仿一切好的东西,那么这些不好的东西会毫无困难地消失得无影无踪,儿童也不会感到委屈,他的心灵也不会受到伤害。这个教师所犯错误的根源在于她对儿童的冷酷态度,她不应该在全班同学面前把格里沙作为反面教材。

实际上完全可以采取另一种方式来处理。比如，让孩子们看一看某个手洗得干干净净的男孩，或者看一看某个衣服整洁的同学，然后再号召所有的孩子向好的榜样学习。说话的时候，教师可以有意识地看一眼格里沙。

格里沙的老师的错误还在于她没有看到儿童的痛苦，不理解儿童的痛苦。教师常常会犯这样的错误：他批评了孩子后转眼就把此事忘了。

教务会决定把格里沙调到另一个平行班。正如大家所预期的那样，他是一个勤奋的、细心的、能坐得住的学生。特别是，格里沙曾被那个教师认为缺乏数学才能，然而，到了五、六年级，正是在数学学科上格里沙表现出了极大的才能。

不巩固并提升儿童的自尊感，就不可能培养儿童良好的道德面貌。每一个考虑问题周全的教师都知道，每一个学生，哪怕是一年级的小学生，如果他确信别人把他想得比他的实际情况差，这就会严重地伤害他的自尊心。相反，如果儿童不仅知道而且感受到教师和集体既注意到又赞赏他的优点，那么他就会努力去做得更好。实际上教育技艺技巧的全部秘密就在于如何爱护儿童的这种积极向上的精神和努力提高道德水平的积极性。如果儿童自己不想学好，那么任何教育者都不可能让好的东西在儿童的心灵中生根。只有在教师和集体都能首先看到儿童身上优点的地方，儿童才会有学好的热忱。

在我的笔记本中记载着许多孩子的事例，这些孩子后来都成了优秀的少先队员、共青团员、捍卫祖国的英勇战士。要知道他们中间没有一个人在童年时没有犯过错误，或者没有干过不体面的事情。下面所说的事情发生在20年前。

　　三年级学生科利亚是家兔饲养小组的热心成员。他尽心尽力地照料着小动物。每当母兔需要特别照管时，他一天好几次跑到学校的教学实验养兔场去。但就是这个热爱劳动的小男孩竟偷走了一对兔子。他在与我谈话时当面承认了这件事。是什么想法驱使科利亚去偷兔子的呢？发生的这件事可以算作是偷窃吗？这使我回想起科利亚曾经打算给自己心爱的兔子做一个新笼子，希望每天都能照料兔子的事。正是在这种想法的驱使下他才决定把兔子带回家。当然，这样的行为不能称为偷窃。在科利亚的行为中不体面的和纯洁的动机交织在一起。他把属于集体的东西占为己有，但是他这样做是为了更好地照料兔子，为了给学校繁殖更多的幼兔。因此我认为不必把这件事情告诉给班集体，因为孩子们可能不理解这件事情的复杂性。

　　我帮助科利亚认识到自己做得不对，并劝他把兔子送回学校来，悄悄地放回到笼子里去。饲养小组的孩子们见到兔子又在笼中之后都很惊讶。大家都很开心。我向大家建议，如果愿意的话，每个人都可以抱一对兔子回家饲养，等生下了小兔子，过三四个月后把抱回家的一对兔子连同新生的小兔子一起送给集体农庄，或者送给每年夏天都要在学校里组织的少先队夏令营。孩子们兴高采烈地同意了。每个人都抱走了自己选中的一对兔子。科利亚当然也赶紧抱走了给自己惹祸的兔子。

很难找到一生中从未犯过错误的人。童年期孩子的道德面貌正在形成中，他们犯错误的可能性就更大些。但是，儿童的任何一种行为都不可以与成人的类似行为相提并论。如果像对待成人的过错那样去揭发、谴责儿童的过错，就会在儿童敏感的心灵中长久地（往往是终生）留下创伤。犯了错误，又被公开批评过的儿童，会变得孤僻，躲避同学。尤其不好的是，他想做好事的愿望和热情会因此而减退，甚至连争取做一个诚实而道德高尚的人的愿望也会消退。因此，在处理儿童各种不良行为时，对待偷窃问题尤其需要细致入微、谨慎小心，特别有必要深入研究儿童的内心世界。

每个儿童都有自己的缺点和弱点。有的习惯于把今天的事情拖到明天去做，有的喜欢在课堂上扯闲篇，有的把拉拢自己最亲近的同学一起去干淘气的事视为最大的乐趣，有的宁愿抄同学的作业也不愿意自己付出辛苦去独立完成作业，等等。因此，有时候让人觉得孩子似乎想从干坏事中找到乐趣，但实际上并非如此。尽管他们的生活经验极其有限，但是连7岁的小孩都知道缺点对一个人来说并不光彩，因此总想方设法掩盖它，尽量不让集体察觉，以免遭到集体的谴责。

有些教师力图通过直截了当的，似乎是最可靠的方式去改正学生的缺点。他们把孩子的缺点暴露在光天化日之下，以期孩子能够批判地评价自己的行为，"幡然醒悟"并力争成为好孩子。但是在绝大多数情况下，这种教育方式是最不成功的。因为用这种方式去接近儿童的心灵无异于暴露、伤害人性中最能引起痛苦的、最敏感的部分，即伤害孩子的自尊心、人格、自豪感。孩子自然就会开始自卫。尤其是当孩子确信自己有了痛苦而教师反而觉得愉快时，他更会这样做。

有时候儿童感觉不到成人对自己的尊重，他也不善于证明自己的道德尊严，所以他就会去设法引起成人对自己的注意。最常见的做法就是干一些不好的事情。

很难让这样的孩子相信他们所干的事情通常都是被禁止的，他们顽固地不愿意去做应该做的事。有时候这样的执拗发展到可笑的地步。比如有一次，一个班主任组织集体去森林远足，为了摆脱一个令人讨厌的调皮孩子米沙，他就非常严厉地命令米沙必须参加这次远足。不出所料，这个小男孩果然没去森林。老是与教师对着干，要求他做什么，他就偏不做什么，这已经成为米沙的主要行为准则。他的执拗和不服从常常超出极限。由于他一个人，整个班集体都无法正常活动。我们经常请米沙的母亲来学校，试图与他母亲一起开导米沙，但是并没有取得明显的效果。每一次米沙的母亲都是无奈地双手一摊，而孩子总是眉头紧锁，避而不答。最后米沙虽做出改正缺点的承诺，但显而易见，这只不过是为了尽快摆脱使他心烦的谈话。

久而久之，本无恶意的孩子式的淘气，渐渐地变成了严重的不良行为，而孩子式的自由散漫渐渐变成了懒惰和游手好闲。

如何才能接近米沙这个性情乖僻的、执拗的学生？我们对这个困扰着整个集体的问题讨论了好几次。

米沙不信任教师，对此任何人都不怀疑。他对人存有戒心、多疑。他一直是这样的吗？不是的，并非一向如此。是强加在他身上的教育使他变成了这样一个人：他的母亲一贯对他吹毛求疵，成天絮絮叨叨，我们当教师的也这样。不管我们给米沙提出什么意见，语气中总是含有责备、不信任的成分。有时候用善意的开玩笑的形式表达出这种责备的意思，但是这种带有宽容意味的善意更激怒了这个孩子，因为他从中感受到的除了不信任还有嘲笑。

当米沙没有完成作业时，教师对他说：

"我早就知道，米沙准是又忘了……"

当米沙很好地完成了作业时，教师很满意，但是他的言语里含有惊讶的成分：

"米沙终于决定要好好学习了……"

总之，随时随地都有各种诸如此类的小事提醒米沙自己是毛病一大堆的人，这就导致米沙与教师、与集体本来就紧张的关系更趋紧张。

个别教师认为，不能让米沙继续留在学校里。而教师集体不同意这种观点。他们认为米沙读完七年级后，一定要让他升到八年级，并且要改变对他的教育方式。

当时学校正在盖一栋新楼。我请米沙去建筑工地清点一下砖的存量。他对我的请求感到不知所措，但还是完成了任务。他清点后发现存的砖已经不多，只够用两三天了。我不安地说：

"怎么办？要到工厂里去运砖，可是没人可派呀。"

我希望米沙能从我的言语中感觉到我在请他提建议，请他给予帮助。我希望他把我首先看作是一位把他当成劳动者来对待的长者，但是，他的脸上却显出了迷惑不解的神情，他不理解这次交谈的用意。接着这种疑惑不解又变成了难以掩饰的不安：他在使劲揣摩校长究竟给他设下了什么陷阱。于是我再次说了我对派不出人去拉砖的担忧，再次用征询的目光看了看他的眼睛。

"如果有哪个学生愿意去拉砖同时又不耽误上课，那就好了。"我像是自言自语地小声说。

气氛紧张到了极点。现在需要掩饰不安情绪的不是米沙，而是我了：米沙究竟会不会响应我的号召？

米沙默不作声。这样的实验不能再继续下去了。米沙什么也不会说的，这番极其平常的谈话在米沙的心中掀起了巨大的波澜。

两小时后我去了米沙所在的班。我对少年们讲了学校建筑工地上的困难，建议他们自愿报名参加夜间劳动，而且次日清晨照常来校上课。这是一次可以表现勇敢精神和意志力的好机会，它抓住了十四五岁少年的心，孩子们纷纷举起了手，教室里像是一片手的森林。

志愿者中间有米沙。他的面部表情似乎冷冷的，目光也是没有热情的，但是不难看出，这个少年费了很大的劲才掩饰住了自己心中极端矛盾的情感风暴。在报名的人中我选出了10个人，其中有米沙，并让他们课后集合。

这样的做法显然是加重了学生的负担，但这是特殊情况。此外，不去克服真正的困难，培养勇敢、顽强精神和做好为实现崇高理想而奋斗的准备也就无从谈起。

志愿者们兴高采烈，三五成群地来到集合地点，只有米沙一个人显得有点忧郁。我对孩子们说，这次任务没有教师带队，由同学们自己独立完成，因此责任重大。我的话让孩子们的情绪更激昂了。

"小组的领队是米沙。"我最后说。我以为这一决定会使孩子们感到惊讶，然而却响起了一阵愉快的欢呼声。米沙的表情更严肃了，不过他的眼睛透出了暖意。

孩子们从当天晚上10点一直干到次日清晨5点，中间休息了几次，回到家时已是7点，而8点就又来学校上课了。教师故意不提问晚上去参加劳动的学生，而他们所有的人都高高地举起了手，还为不知为什么没有被提问而抱屈。孩子们眼睛都睁不开了，但还尽力装出不累的样子。

共青团委员会宣布了对整个小组的嘉奖，学校编的《共青团大事记》里也专门记载了这次劳动。

从那时起，米沙像其他使我终生难忘的执拗的孩子一样，开始了艰难的、漫长的、曲折的重生历程。

此后，米沙还是像以往一样，对触及他的自尊心的一切事情还是那么敏感。当我们偶尔忽略他的这一特点时，他就又表现出粗鲁和不服从，甚至故意让人看到他的毛病。但是这样的情况发生得越来越少了，因为共同的目标、共同的志向把学生和教师越来越紧密地团结在一起。

在生活中我们常常会看到所谓的"学坏了的孩子"，他们不仅遭到周围人的谴责，有时还会引起他们的愤怒。

我回想起了几个最难教的孩子的命运。尽管他们归入"不可救药"之列达数年之久，但最终他们还是变成了诚实的、热爱劳动的人。

现在我还能经常遇到我们区的一个拖拉机队的队长弗拉基米尔。他是集体农庄里的劳动能手之一。他的生产队正在为争取"共产主义劳动集体"称号而奋斗。每当我遇到弗拉基米尔时,我都会回想起他转学到我们学校四年级时的情形。他来我校后不久,教师就说沃洛佳①可能很难于管教。当时孩子们正忙着准备两个少先队中队的文艺演出。他们在准备服装,学唱歌曲。虽然孩子们已经和沃洛佳认识了,但没有一个小组邀请他参加。于是沃洛佳看着窗外学猫叫,把教师和孩子们都惹恼了。作为对这种行为的惩罚,他们不许沃洛佳去观看演出。

实际上对沃洛佳的教育仅限于此。为了避免班集体受到他的影响,教师尽量不让孩子们接近沃洛佳。沃洛佳感到大家都想躲开他,他就越发想方设法地显示自己的机智,经常想出各种意想不到的方式来引人注目。

"五一"节临近了。四年级中队被委派去森林,为少先队的篝火晚会捡干树枝,并把干树枝放在晚会活动地点附近。接受任务以后,大家又很自然地想把沃洛佳排斥在外,唯恐他会想出什么花招来故意捣乱。全班同学乘坐三辆大车去森林。沃洛佳一个人穿过沟壑、树丛也向森林奔去。路上不知他从哪里找到了一个羊头,于是他把自己装扮成一个丑陋的怪物,从树丛后面跳了出来,把两个女孩子吓坏了。

节日前一天的清晨,村边忽然出现了火光。原来是为少先队篝

---

① 沃洛佳是弗拉基米尔的小名。——译者注

火晚会准备的干树枝着火了。

孩子们怒不可遏，他们跑到我这里来告状：

"一定是沃洛佳干的，除了他，谁也不可能干这种事。"

我认为出了这样的事，教师有责任，我更有责任。我们难道可以对沃洛佳想积极参加活动的强烈的、不可遏制的愿望视而不见吗？他的行为是不可原谅的，但这难道不是对来自教师的对他不信任的十分合理的抗议吗？

我和沃洛佳谈话后证实，干树枝确实是他点燃的。但此时他不再逞强了，只是为自己的行为所造成的后果感到害怕。如果只考虑行为本身，那么这个孩子理应受到严厉的惩罚。但是只限于惩罚，那就意味着使这个孩子更加远离班集体，还会激起他某些愚蠢的、失去理智的行为，以表示他对被不公正地剥夺了应享有的一切进行抗争。

我和同学们谈话交流，说服他们同意不惩罚沃洛佳，因为第二天是节日，首先应该考虑如何把篝火所需的干树枝运回来。

"沃洛佳犯了严重的错误，现在他已经认识到了错误，愿意接受惩罚，但是他请求你们允许他一个人去森林把干树枝运回来。"我对孩子们说。

孩子们同意了。第一次是沃洛佳一个人运回了干树枝，第二次、第三次就有了帮手，班里的同学自愿帮助他。干树枝终于又准备好了。节日那天，沃洛佳是最早到的那批人中的一个，他很高兴，情绪高涨。同学们委派他劈粗大的树枝，他尽心尽力地完成了任务。

以后一连几天沃洛佳都欣然地、尽心尽力地完成班集体交给的最困难的、别人不愿意干的工作。就这样，他逐渐地参加到集体的生活中来了。对于这种转变，无论是他自己还是班上同学都没有感到任何不自然。从此，他的旺盛的精力不再用来做坏事，而是去做好事。

一个月后沃洛佳为自己的行为受到了惩罚：一周不得参加学校的任何活动。大多数学生都主张原谅沃洛佳，但是我仍坚持他必须因自己的过失接受惩罚。孩子们对要离开集体整整一周的同学就像对待遭受了什么不幸的人那样深表同情。沃洛佳也很伤心，但他认为惩罚是必然的，是自己所犯过失的不可逃避的后果。一犯错误就立即进行惩罚，往往是一时冲动的决定，没有经过深入思考和仔细斟酌，而对沃洛佳的惩罚避免了这种弊病。

沃洛佳挺过了惩罚，有了深刻的体验。他非常想念集体。一周的时间对他而言似乎无限漫长。一周以后，沃洛佳回到班里，同学们都兴高采烈。

所以我认为，应该等到激情平静下来时才去做出惩罚决定。如果过错是小小不言的，那么在第一时间做出的惩罚决定，过几天之后就会觉得是错误的，有时候甚至是可笑的。如果过错确实应该予以惩罚，而且过一周之后，我们仍然认为非进行惩罚不可，为时也不晚。此外，即使要进行惩罚，我也主张对待被惩罚的学生要像对待遭遇不幸的人那样去同情。我一般总是这样做：一方面对发生的事情表示遗憾，另一方面坚定不移地贯彻一个原则，那就是和犯错误的孩子保持一种纯洁而高尚的相互关系。这样，犯错误的孩子就能把惩罚看成是一种必要的措施，从而更深刻地认识自己的错误，认识到自己做的错事就是犯了一个错误。

富有同情心和无微不至的关怀，并不意味着原谅一切和没完没了的说教。不真正关心儿童前途的善良，与冷酷无情和漠不关心并无二致。真正的富有同情心，应该是培养并巩固儿童的道德尊严。

二、集体的道德风尚
——个人尊严的源泉

  我不止一次思考这样一个问题：同一个孩子，为什么会在一个集体中对同学有责任感、珍惜同学对他的信任，而在另一个集体中就一点也不在乎其他同学对他的看法和说法呢？为什么一个最不守纪律、最懒散的孩子，一旦进入一个好集体，就像换了个人似的，变成一个勤奋学习、诚恳踏实的好伙伴了？集体的力量到底在哪里？

  生活使我确信，在集体的活动中，先进的社会思想表现得越鲜明，作为社会一个小小基层单位的集体开展活动越积极，所能产生的教育力量就越大。集体所拥有的良好道德风尚能增强其每个成员内心对正义的坚信。除了整个集体能齐心协力形成为高尚、正义的事业而奋斗的共识，没有任何东西能比得上大家团结一心所产生的巨大力量。在少先队和共青团组织的生活中这一点尤其重要，因为这些组织的主要任务是对成长中的一代人进行思想教育。

  那么，集体的道德风尚如何形成呢？这个问题的答案在一个少先队中队日常活动中可见一斑。

　　这个少先队中队的教师在开学的头几周通过组织一项非常有社会意义的劳动，成功地激发了孩子们的热情。教师对孩子们说："我们国家有很多学生，如果每个学生都从地上捡起一棵麦穗，那么把这些麦穗脱粒后，就需要用一百多节火车车厢来运输麦粒。"于是孩子们就开始了捡麦穗的劳动。每个孩子似乎都通过观察别人的劳动看到了自己的劳动，都感受到了自己是一项伟大事业的参与者。大家你一言我一语地说：

　　"我又捡了10棵麦穗，如果大家都捡10棵，那么需要多少节车厢来运粮食啊？"

　　"我捡了20棵。"

　　"我捡了满满的一篮子！"

　　意识到能在由成千上万名学生共同完成的劳动中做出自己的贡献，孩子们的心情都特别愉快。于是，大家不断涌出的并想得到答案的各种问题也就不奇怪了："其他村子的学生去没去捡麦穗？""他们捡了多少呢？"

　　几天后少先队大队委员会指派了一名少先队辅导员到这个班级，协助教师做学生工作。这个少先队辅导员对孩子们说，大家还可以帮助做一些保护肥沃土壤的工作。孩子们不知所措地看着自己的辅导员说："我们不会做，这难不难呀？"当得知他们只需要去收集刺槐的种子时，又都兴高采烈起来，于是大家齐心协力地开始收集树籽。孩子们的眼前则已经呈现出了一幅画面：播种在沟壑斜坡上的种子已长成了一棵棵槐树，并有效地实现水土保持。很快树籽收集够了并播种了下去。孩子们是多么期待种子快点发芽啊！终于，幼苗长出来了！接下来是该照料这些幼苗了。这时已经根本就用不着提醒了：孩子们已经把这件事看作是一项为伟大的事业需要投入自己劳动的工作了，并且，他们连续三年一直照料着这些自己栽种的树木。

是什么如此吸引孩子们？是他们的大朋友——少先队辅导员的榜样，是教师的教导，是与集体农庄林业队队长的会面。当孩子们从队长那里得知，每年国家都会增加几万公顷绿色植被时，他们再次兴奋得心潮澎湃：在这片一望无际的绿色海洋里，他们看到了自己的小树林。

在照料槐树生长的同时，孩子们还参加了其他类型的社会公益劳动。在加入少先队之前，他们就已经帮助集体农庄的大田生产队一粒一粒地精选了200千克最好的玉米种子；把30个椋鸟巢挂到了树上，为的是冬天能把益鸟引进巢里并喂养它们；清除了1公顷护田林带上的杂草，日常辅助照料2公顷果园；做了几百个草木腐殖质营养钵。教师和派到班级来的少先队辅导员努力向孩子们宣讲这样的思想，即参加共产主义建设的活动，同时也是在为加入少先队做准备。教师和辅导员饱含激情地对孩子们讲述有关红领巾、关于同敌人斗争而献身的勇敢的少先队员、关于象征共产主义的红旗、关于苏联人民的英勇而忘我劳动的故事，这些故事更加坚定了孩子们要成为少先队员的志向。整个集体的人都觉得自己是为崇高思想而奋斗的队伍中的一员，这种集体的归属感是最重要的道德尊严，拥有了这种道德尊严，集体就能够对最不守纪律的、最无自制力的学生施加影响。有一个男孩企图逃避照看护田林带中树木的工作，整个集体的成员就群起而攻之。因为他的行为激起了集体的愤怒。

在为加入少先队做准备期间，孩子们栽种了一片小树林，用以纪念在反抗德国法西斯占领期间与敌人英勇斗争而牺牲的少先队员。由于这个项目的明确的准备工作延续了很长时间，所以随后到来的少先队入队仪式——庄严宣誓、授予红领巾，对孩子们而言就不单纯只是一个形式了。戴上红领巾的同时，每个少先队员都意识到了自己肩负的新责任，而这是最使他们感到兴奋的地方。

一些教师和辅导员曾抱怨说，有的孩子刚戴上红领巾时激动无比，但过了两年就对少先队的活动失去了兴趣，不仅会忘记戴红领巾，甚至还耻于戴红领巾。这往往出现在孩子们参与完成的实际工作里缺乏崇高思想性的情形之下。

前面谈到的那位少先队中队教师和那位辅导员非常清楚这一点。因此他们一直努力让孩子们保持入队时的那种积极精神状态。

在与甜菜种植小组组长会见之后，孩子们决定在种植场的一块100平方米的地块上种甜菜，每平方米种8棵，每棵重1公斤。对于刚读完三年级的学生来说，这是一项虽然力所能及但也不那么轻松的工作。教师和辅导员没有劝孩子们放弃想法，而是支持他们，并且很巧妙恰当地帮助他们完成了这项工作。

于是，班集体良好的道德风尚在经历了一件又一件事情的过程中不断得到巩固，孩子们对自身力量的信心也日益增强，持续进取的愿望越来越强烈。

集体的道德面貌在很大程度上取决于我们如何把祖国发展的前景鲜明地映射到儿童的生活和劳动情景中。我们尽力做到让那些能

二、集体的道德风尚——个人尊严的源泉

激励全体苏联人民的事件也能使少先队和共青团集体同样感到兴奋和激动。

关于共产主义建设七年计划的讨论也激励着孩子们去制订少先队的七年计划。每个少先队中队都把发挥集体力量能为祖国、为未来所做的全部事情列入自己的少先队七年计划，直到他们从十一年制中等劳动综合技术学校毕业。

下面是以瓦利亚·柯季克命名的少先队中队的七年计划。

以瓦利亚·柯季克命名的少先队中队将与全体苏联人民一起为我国的共产主义建设而奋斗。现在我们正上四年级。我们承诺在中学毕业以前为完成七年计划做出自己的贡献，具体如下。

1. 七年内每个少先队员栽种10棵果树。

2. 开辟一个苗圃，为集体农庄和居民培育6 000棵果树苗和观赏树苗。

3. 绿化村里的一条街道。

4. 在两条沟壑的斜坡上栽种槐树苗，并照料这些树。

5. 每个学生每年都要为集体农庄积肥，四至五年级每人每年积肥10—50公斤，六至八年级每人每年积肥50—100公斤，九至十一年级每人每年积肥100—300公斤。

6. 集体饲养700只家兔。

7. 协助集体农庄照料畜牧场的小动物，照料5头小母牛，把它们养大成为产奶牛。

8. 每年收集5—30公斤果树和观赏树种子。

9. 通过施肥把1公顷贫瘠的土地变成高产田，并把土地交给集

体农庄。

10. 创建两个少先队高产劳动小组，每年要在农庄的1公顷农田上收获不少于40公担[①]玉米。

11. 开辟1公顷护田林带。

12. 八年级结束前所有人都要学会驾驶汽车和摩托车。

13. 十一年级结束前所有人都要学会驾驶拖拉机和联合收割机，还要学会在车床上工作。

14. 每年在3公顷果园里消灭害虫。

15. 从五年级开始每年为集体农庄的畜牧场准备10—15吨青饲料。

16. 每个学生都要在家里设置一个工作角，要配备钳工和木工工具。

在这个七年计划中我们看到了一份长期的教育工作大纲。在完成七年计划的过程中，一个个集体将在成年人巧妙的参与下逐渐形成。这些集体越强大，它们对每个少先队员的影响就会越高尚。

我们最重要的教育任务在于，要坚持不懈地用共产主义思想鼓舞学生们，让这些高尚的情感伴随他们度过自己的童年和少年时代。共产主义思想首先是用斗争精神、克服困难和对人格的肯定去吸引我们的孩子和我们的青年。关于前辈们昔日在战斗中表现出的英雄主义、在战场上建立的丰功伟绩，以及跟旧世界的邪恶进行斗争的事迹，学生们的确只能从书本和长者的叙述中得知。如今，为建立新世界——共产主义世界的斗争，这是活生生的现实，我们应该为学生们指出投身于其中建功立业的方位所在。

[①] 1公担等于100公斤。——译者注

三、让好品行在孩子身上占优势

少数孩子的命运一直让我忧心忡忡,这些孩子非但不尽力去掩饰自己的缺点,反而想法子让自己的缺点尽人皆知,似乎期待着看看教师对此会有什么高招儿。科利亚就是这样活蹦乱跳地出现在我的眼前。那是战后的第一年,科利亚的姨妈把他带到我们学校里。开学一个月后,大家就都知道科利亚是个懒惰、喜欢坑蒙拐骗的男孩了。秋天,高年级学生栽树时,科利亚弄坏了几棵树苗的根,然后自豪地向同班同学宣告自己的"英雄壮举"。而为了找到被科利亚损坏的树苗,高年级学生不得不把已栽好的树几乎全部挖了出来。还有一次,他把手伸到同学的书包里掏出一本教科书,用墨水涂脏后又放回原处,却用清澈、无邪的目光看着教师。当大家谴责他的恶劣行为时,他竟然会很动感情地流下气恼的眼泪。

这个男孩毫无疑问属于"难教"学生之列。光靠一个人是对付不了这样的孩子的。我们整个集体都在琢磨如何对这类孩子进行教育。

　　我们仔细分析科利亚各种行为的原因，发现这个男孩在干完坏事后所表现出的幸灾乐祸并非出自本心，而是故意做出来的。这个孩子的身世很不幸。他不记得自己的父亲是谁，而他的母亲在几年前，当科利亚刚满1岁时就因严重犯罪被判处剥夺自由10年。这个孩子是与姨妈一起生活的。他知道母亲罪行的细枝末节。这个孩子失去了对人的信任，生活对他而言已经没有了任何神圣、珍贵的东西。从科利亚记事时起，所有的人都说他是个坏孩子，可恶的、坏透了的孩子。科利亚是个坏孩子，这是因为他从来就没有当过好孩子，从来就没听到别人说过他一句好话。对于姨妈来说，他就是个负担。在教师那里，最初注意到他也只是因为他干了坏事。

　　科利亚的表现让学校确信他真的很坏，很讨厌，令人不能容忍，坏得不可救药。他在学校里干坏事已经是出于习惯，而不是想从中找到某种满足，他从来没有体验过因为做好事、做高尚的事所带来的那种激动人心的快乐感，也没体验过当优点得到肯定时所能享受到的那种精神上的满足感。

　　有一次科利亚和全班同学一起去森林郊游。一路上，因为他对同学推推搡搡，还总踩同学的脚，教师就罚他走在队伍的最后面，不让他接近前面的同学。科利亚虽然安静了一点儿，但一直皱着眉头，一边走一边捡小石子往树上扔。孩子们来到了一条很深的沟壑前。教师开始给大家讲解什么是谷地，什么是丘陵，什么是山峦，什么是沟壑，等等。科利亚站在后面，使劲琢磨做点儿什么事情来引起大家对他的注意。他走出队伍，向前走到峭壁边上并探身向下

张望。教师见状连眉毛也没抬一下,权当没看见科利亚的举动,只是对大家说道:

"孩子们,不要太靠近这条沟壑,这非常危险,不小心有可能会掉下去……"

教师话音未落,科利亚就喊了起来:

"我不怕!这有啥可怕的,这条深沟我以前就滑下去过。现在我就往下滑,你们瞧着!"

说罢,科利亚就弓起身子滑了下去。

教师惊叫一声,吓得脸色惨白。孩子们怀着既害怕又赞叹的心情慢慢走近沟壑,只见科利亚满身泥土,正笑呵呵地往上爬……

对破坏纪律的人置之不理,用其他事情去转移集体的注意,这是教师屡试不爽的方式,不过这次失灵了,科利亚用自己的行为赢得了同学的刮目相看。但几天之后就发生了破坏树苗的事件。勇敢的好品质、孩子般的率真与丑陋的、不可容忍的品质就这样在科利亚身上极不协调地交织在一起。于是我越发确信,是我们对科利亚漠不关心、冷漠无情的态度引起了他的反抗。因此,无论如何我们都应该激励这个男孩去做好事,去做体现集体主义精神的事情,给他机会去体验由于感受到自身尊严而享受到的真正的人的快乐和满足。

一次,我装出顺便的样子邀请科利亚去生物教室并请他帮忙挑选最好的苹果和梨的种子。这是一项需要细心和耐心的工作,我与科利亚一起干了两个多小时,直到累了才停下来。无论科利亚如何使劲装出瞧不起育种工作的样子,但儿童的好奇心还是占据了上风。

有一天教师去科利亚家，看到他正在一小块修整得很好的地块里施肥、播种。教师的来访让他感到不好意思，他似乎是为自己热爱劳动的行为感到害羞。教师帮助科利亚播完种子，并答应了男孩的请求，不把他干活的事情告诉任何人。

春天来了，种子长出了嫩芽。教师发现科利亚并不反对在大家面前炫耀一下他的苗圃，就带着孩子们去参观他培育的幼苗。当着全班同学的面，教师表扬了科利亚的劳动很努力、很出色。这件事对科利亚绝非没有影响，明显的改变出现了，他继续非常认真地照料着自己的幼苗，一年后科利亚上交给学校 50 多株小树苗。这一年当然很不轻松，科利亚不可能一下子就获得重生并变成好孩子。在这一年中我与他的教师一起吸引他参加新的劳动，引导他去做好事，让班集体看到他做的这些事情并给予肯定。

就这样，我们越来越清晰地了解了这个男孩的复杂而矛盾的性格和行为。弄坏树苗和"飞入"沟壑的事件说明了科利亚有一颗敏感的、特别容易冲动的心，他随时准备对召唤做出响应。教育者要做的，就是让他从内心产生做好事、做集体主义者应做的事情的愿望。科利亚是个勇敢、果断的孩子，我们通过把他的精力引向好的方面，沿着一条崎岖的、曲折的小径逐渐触及他的内心深处。

有一天孩子们去收集刺槐树的种子，以便随后把它们播种在沟壑的斜坡上。教师暗示孩子们，掉到地上的种子不多，因为大部分被吹干了的果荚都挂在高高的树枝上。

还没等教师说完，科利亚就爬上了树。他这样做完全是出于不听话，想表现自己的"我行我素"，但教师及时夸奖了科利亚：

"孩子们，看看，科利亚多能干呀！他现在就会把果荚扔下来给我们。"

这个表扬让科利亚始料不及……但没有时间多想了，孩子们已经在高高的槐树下各就各位，科利亚开始摘干果荚并往下扔。孩子们争先恐后地请求他：

"科利亚，扔给我……""科利亚，直接扔到我帽子里……"

科利亚干得十分起劲儿。同时他也发现了还有一个不怕尖刺的大胆男孩。科利亚明显是在与他比着干。

两小时内，孩子们收获的去壳后的树种足足有2公斤。为了显示自己蔑视危险的英雄气概，科利亚从一棵树上跳到另一棵树上。虽然人没摔着，但是衬衫被剐破了。他从树上跳下来时，脸色苍白，一副惊慌失措的样子。起初教师感到很惊讶，继而明白了：他一定是害怕因为剐破了衬衫会挨姨妈的责骂。于是教师就提议说：

"科利亚，到我家去，我给你换一件衬衫，否则姨妈会生你的气……"

但是科利亚已经控制住了自己，惊慌失措瞬间变成了对发生的事情佯装满不在乎的表情。他没好气儿地回答教师说：

"谁要你的衬衫？没有它我也应付得了……"

教师明白了，这个男孩容忍不了怜悯和宽慰的语气，因为这会让他想起自己的孤苦伶仃，想起自己在姨妈家所遭受的所有苦难。

而当听到教师说多亏了科利亚全班才收集到这么多种子时，男孩则不咸不淡地说：

"我才不稀罕这些种子哩……我要是愿意干,收集 1 普特①也不是事儿……"

第二天全班同学又去收集种子,科利亚却跑去池塘捕虾了。

女教师决定单独与他谈谈。她告诉科利亚,现在全班打算去收集橡实,但麻烦的是附近的森林里橡实很少。

"我知道哪里有橡实!"科利亚高兴得眼睛都发亮了,"不过很远,要坐大车去。"

星期日,学校派出了两辆大车,孩子们与教师一起奔向第聂伯河畔茂密的树林。科利亚津津有味地告诉大家,他是如何与农庄庄员一起在集体农庄的田间宿营站度过了整整一个夏天。多亏有了科利亚,全班收集了 100 多公斤的橡实。

春天又来了。教师又去请科利亚帮忙,因为只有他能够攀爬到沟壑中陡峭的斜坡上,在那里挖坑,播下槐树种子。

我们越来越经常看到,在科里亚身上,之前与大家格格不入、故意对集体事务漠不关心的种种表现都消失了;他已经很热衷参与同学们所做的事情了。于是,教师积极创造条件,让科利亚能够全力以赴地把这个集体所开始的工作进行到底。

但是在科利亚身上坏的东西依然根深蒂固,而好的东西却像刚刚生长出来的幼芽很羸弱。例如,科利亚是制作弹弓的能手,他总是用弹弓残忍地射杀小鸟。无论怎样劝说他,这个男孩根本就听不进去。冬天,他还去捉人家养的鸽子,剪短鸽子的翅膀后把它们关

---

① 1 普特等于 16.38 公斤。——译者注

在窝棚里。针对这种情况,我选了一个十分寒冷的冬日,邀请科利亚与我一起去集体农庄的田间宿营站。我指给男孩看,鸟儿如何冻得躲了起来,它们如何艰难地觅食。我和他一起给鸟儿搭建了一个"小食堂"。我嘱咐他每星期去喂一次鸟,还让他密切注意不让任何同学杀死鸟儿。说实话,让科利亚对这项工作产生兴趣并不容易。我之所以能成功,是因为每周我都亲自去"小食堂"送一次鸟食,而科利亚无法拒绝,只得与我同行。直到我帮他在自家屋檐下为山雀搭建了一个"小食堂"之后,他才开始自愿照看小鸟,从小鸟的敌人变成了小鸟的朋友。对此他并没有表现出主动性,因为他是被迫去关心小鸟的,但他却没有感觉到教师对他的刻意影响,只是觉得是他自己出于自愿给小鸟搭建了两个"小食堂"。

三年级时,科利亚与其他一些孩子被吸收加入了少先队。最初几天,他感到精神振奋、快乐无比。可是不久,他的热情就渐渐消退了。少先队辅导员发现,科利亚瞧不起一年级的小同学。有暴风雪时小同学需要帮助,少先队辅导员请科利亚帮忙把两名小同学送回家。科利亚本不想答应,但辅导员真诚的请求使他无法拒绝,他把小同学送回了家。辅导员在全班面前表扬了科利亚。于是其他少先队员也都自愿在天气不好时去帮助一年级同学。科利亚自然也不愿落在同学们的后面。

到了春天,少先队中队负责在村子的一条街道上栽种观赏树。这是我们的一项传统活动。教师与学生一起参加劳动。少先队员们栽种了200多棵树,他们还愉快地响应了辅导员的提议,设立了少先队员岗哨,负责保护刚刚栽下的树苗。孩子们推选科利亚担任岗哨负责人。夏天少先队员岗哨每天都去检查树苗生长状况。孩子们敏锐地要求把每株树苗都围起来。如果某个农庄庄员由于不负责任而损伤了幼树，少先队员岗哨就要向他发出书面警告，告知他如果再次出现此类情况，少先队员将向村苏维埃投诉。

就这样，科利亚逐渐开始关心集体的利益，不仅要对自己负责，也要对其他人负责。他变得认真了许多，当别人给他提意见时他不再发火，也不再与集体对抗。这一点非常重要。因为学生集体知道科利亚干了坏事，就不可能不议论、不批评他。如果说以前科利亚以执拗、懈怠的态度来逞强，那么现在大家一旦提到他的这些坏毛病，就会让他感到不好意思。

有一次，科利亚把自己的名字刻在了课桌上。在中队会议上同学们讨论了这种行为，大家都说科利亚不尊重他人的劳动。下课后，科利亚便自觉来到教室，认认真真地把被损坏的地方磨平并刷上了一层油漆。

我们在教育中年级尤其是高年级学生时，总是坚持一条准则：随着学生身体和思想上的不断成熟，应该让他们更多地意识到自己在为共产主义奋斗的事业中的地位。八、九、十年级的学生已经开始参加一些成年人的劳动生活。他们不仅劳动，而且学习掌握农业生产机务人员的基本专业技能。无论在哪里劳动，少先队或共青团集体的成员都应该用自己的实际行动捍卫集体的荣誉。在大家的共同努力下，我校一直遵循这样一条原则：作为集体的一员，我们在任何地方的劳动中都应该是最优秀的，都要成为榜样。

科利亚在五、六、七年级时就已经迷上了技术，热情地参加学校工场的劳动。我们专门指派了一名优秀的技师来指导他学习技术。三年之中，科利亚不仅没有落后于先进生产者，而且还成了别人学习的榜样。

有一次在春耕时节，两台拖拉机坏了。一个工人小组被派去现场修理。参加这个小组的就有科利亚和其他两名九年级的学生。年轻人整整干了一个晚上，终于把拖拉机修好了。在紧张工作之后，科利亚和那两名同学直接赶到学校，照常与其他同学一样上课。

这就是我们对一个特殊教育对象进行道德品质培养的过程。十年来，学校已把他培养成为一个高度自觉的人——诚实的、有正义感的、忘我劳动的、敏感的、对人有同情心的、热衷于所有公益劳动的人。他勇敢而满怀信心地走向了生活——从学校一毕业，他就进入集体农庄参加工作了。

综上所述，我们认为，让集体对学生的道德品质予以认可和鼓励，是正确实施思想教育的极为重要的条件。意识到自己有益于集体、有益于社会，这能给受教育者带来极为深刻的道德满足感。在儿童、少年、青年的生活中，他们越是无偿地为国家、为社会做更多的事情，在这些活动中表现出的积极性越高，那么，对建立在共产主义道德原则基础上的一切美好、高尚事物的向往就越能更深入地走进他们的心灵，扎根于他们的心中。

四、儿童道德尊严的养成离不开成人的引导和自身的努力

如果我们对儿童的不道德行为只采取制止、警告措施，那么儿童走出校门时就可能成为缺乏意志力的人。引导儿童走上生活道路的方式，应该是让他在成人和集体的影响下迈出具有决定性意义的步伐，但这必须是他完全自主地迈出这样的步伐，能感觉到自己身上具有克服各种困难的力量。

一位教一年级学生的教师在开学的最初几周就发现，班里的维佳有小偷小摸的苗头：这个小男孩拿走了一个女孩子的玩具，后来又拿走了班级柜子里的球。怎么办呢？当着全班同学的面揭露维佳的不道德行为，鼓励孩子们严厉谴责他吗？实际上，即使不这么做，维佳也知道偷窃行为是不对的。

于是，我们在随后的几年中时不时地为教育这个孩子创造出这样一些教育情境，让这个男孩总是面临两种可能性：或者为了集体利益选择诚实、高尚的行为，或者是选择不诚实、不道德的行为。

他必须自己来做出选择。做不道德的事情虽然很容易，但是集体马上就会指责维佳是有过错的人；若要表现出自己具有高尚的道德，这要难得多，但是同学们会发现他的优点、评价他的优点。

根据教师的提议，一年级学生每人出几个戈比[①]凑钱集体订阅一份儿童报。大家委托维佳负责收钱并保管。在办理订报手续前的几个星期里，维佳把这笔钱放在专门为此缝在短大衣内衬的小口袋里随身带着。教师看到，维佳成功地克服了各种各样的诱惑，费了很大劲做到了小心翼翼地呵护这笔属于集体的钱。到了去邮局交钱的那一天，这个孩子一脸的喜气洋洋，因为钱被保管得好好的，分文不差。

在这之后，教师又把从橱窗中取下来的报纸装订在一起的任务交给了维佳。教师在全班面前表扬了维佳好几次，每次表扬都给维佳带来了喜悦。二年级时，有一个男孩在学校丢了几根锯条，不知道是被谁偷走的。有一天教师有事去维佳家里找他的母亲，正好看到维佳在锯东西。他身旁的桌子上放着好几块胶合板。教师还没说话，这个男孩就已满脸通红，窘得无地自容。

第二天，教师给孩子们提了一个建议：收集废铜烂铁去卖废品，用卖来的钱来买锯条。孩子们兴高采烈地干了起来。维佳对这项工作特别卖力，他的劳动成果换来了 30 根锯条。教师又提议：手里有多根锯条的同学，可以分一部分给那些家里没有废铜烂铁的同学。维佳立即拿出 25 根锯条分给了同学们。

[①] 苏联、俄罗斯最小货币单位。100 戈比等于 1 卢布。——译者注

四、儿童道德尊严的养成离不开成人的引导和自身的努力

这件事情以后,维佳无论是单独一个人还是与同学们一起留在工作室内,再也没有拿走过锯条或胶合板。夏天远足时,班里不止一次委派维佳保管同学的物品,他总是能无愧于同学的信任。三年级时,全班的彩色铅笔都交给维佳保管,他也能特别小心地呵护同学们的物品。

但是到了三年级末,维佳又犯错误了。班级里有一本集体相册,里面有每个少先队员画的一张画。维佳从这本相册中撕下了一张白纸,给自己画了一张画,并把这张画贴在家里的桌子旁。如果是其他什么人做出了这样的事情,我们是可以剥夺他参加某项集体活动的权利的,但是对维佳不能这样做,因为这个男孩的个人荣誉感还很薄弱,不稳固,公开的谴责会把他推离集体,会压垮他身上好不容易坚持下来的积极的道德努力。

课后教师把这个男孩留在教室里,心平气和、循循善诱地告诉他,他所做的事情是绝不允许的。维佳根据教师的建议,把撕下的那一页贴回到相册中,还给相册画了一个漂亮的封面。他把这些事做得很漂亮,教师表扬了他。但教师的这次表扬让维佳更多地感觉到的是羞愧而不是高兴,他的脸红了,不敢看同学们的眼睛。教师就这样一步一步地在这个男孩身上养成并巩固他的荣誉感。对教师坚持不懈的教育工作的最大褒奖是这样一件事。维佳在院子里捡到了一个包着2卢布的纸包,他拿着捡到的东西跑进教室,焦急地询问:"这是谁丢的?"

可谁知五年级时,维佳再次犯了一个大错误:他偷了同年级同学的冰刀。教师一到维佳家找他,这个男孩立刻哭了,马上承认他

拿了冰刀，并说把它藏在了菜园里的干草堆中。他请求教师不要把这件事告诉任何人。

"我去把冰刀放到学校走廊的窗台上。"男孩说。

事情很清楚，孩子是在自我谴责这个错误行为。但是要培养良好的道德品行，这些是远远不够的。

当时学校里正举行滑冰比赛。教师知道维佳在比赛中一定能名列前茅。事情果然如此，维佳第二个到达终点。前三名胜利者在隆重的气氛中接受学校颁发的奖品——一副崭新的冰刀。维佳激动地把冰刀安到鞋上，立即向结了冰的池塘走去。

后来维佳与其他少先队员一起去教一年级同学滑冰。维佳看到他负责教的那个小男孩与冰刀难舍难分。他尽力让自己忍住，最后也没有从这个小男孩那里要回自己的冰刀。

有一天，维佳想从小男孩那里要回冰刀，但他看到了小男孩眼里噙着泪水。这种孩童的悲伤打动了维佳，于是他提议：

"咱俩把冰刀分了吧，你一只，我一只。"

这个提议让小男孩很开心，但维佳这个大男孩立即觉得挺后悔。可又不可能把礼物再要回来，于是维佳陷入了郁闷之中。这时教师走到维佳面前，劝他把另一只冰刀也送给那个小男孩。

维佳虽然这样做了，但伤心得差点儿就哭出声来。教师装着没发现他的这种心态。与此同时又尽可能地开始激发维佳对新东西产生兴趣。物理技术小组打算出一期幻灯报，请维佳在玻璃上画几幅画，维佳对这项新工作很入迷。那个小男孩有时候也把冰刀拿给维佳用用，而当维佳滑完冰后再把冰刀还给小男孩时，已没有了当初送给小男孩冰刀时那种痛心疾首的感觉了。

这次事情之后直到维佳中学毕业,人们再也没有发现他私自拿走过他人物品。教师每年都引导和激励维佳去完成能体现集体主义精神的高尚的事情。维佳在暑假期间挣了三四百卢布。他给自己买了教科书、衣服、鞋,同时也没有忘记那个小男孩,给他买了画册、颜料、彩色铅笔、球、电子玩具。

在学校里的最后一年,维佳与自己的同班同学一起制作了一台不大的车床。但是因为没有电机,车床无法工作。而购买电机需要300卢布,当时学校拿不出这笔钱。维佳对谁也没说,就用自己在暑假挣来的钱买了电机,并自己运到了学校。这个小伙子还请求不要把这件事告诉任何人。

这就是一个人从儿童到少年再到青年在道德方面做出积极努力所产生的成果。维佳在道德方面存在的瑕疵只有教师们知道,而学生集体则是他在与缺点进行艰难斗争过程中做出好人好事的见证者。这是对待维佳这类孩子的唯一正确的思想教育方法。

没有一个孩子不想学好。坏的东西总是成为孩子的累赘,压迫着他,但他一个人还无力让自己的努力走上正确的轨道。体贴入微的、有同情心的教育者恰恰应该在这个方面向孩子伸出援手。

我想对年轻教师和少先队辅导员们提个建议:你们要成为培育儿童道德尊严的创造者。身为教师的我们,要像园丁爱护嫁接到野生植物上的果树一样,去精心爱护树上每一根新培植的枝条,保护孩子身上一切好的东西。任何时候都不要匆忙地揭露儿童消极的、不体面的行为,不要急于把儿童的所有缺点暴露在学生集体面前。而是要让每个孩子发挥出内在精神力量去改正自身缺点，让学生集体在每个孩子身上首先看到的是他的优点。这就是教育的艺术。

五、宽容比惩罚更有效

惩罚，这是一种极为敏感的、不无危险的教育方法。许多教师在采用这种方法的时候常常犯错误。孩子通常对不公正是极其敏感的，哪怕是小小不言的不公正。此外，对于公正与不公正、好与坏，他们有自己的理解，在教育工作过程中不能忽略他们的理解。在教师眼中小事一桩的惩罚，儿童却能理解是令人发指的不公正，深感受到了冤枉，委屈得不得了。如果深入分析一下，从孩子的角度来看，他往往是正确的，学生集体也站在他一边，因此，惩罚是无妄之灾，从而也是不公正的。经验告诉我，学校中的惩罚，十有八九是不公正的。由于绝大多数惩罚是不公正的，在学生中就形成了一种观念，惩罚通常就是极大的不公正，无论学生是否愿意都得忍受这种不公正。

不公正的惩罚往往是从小事开始的。比如，对于孩子并非出于恶意而只是由于缺乏经验或不懂事而无意中做出的错事，成年人就大发脾气。这样的错误我在刚开始教育工作时也犯过。记得我在学校工作的第一年，有个叫斯捷帕的男孩，非常聪明而成熟，但有些过分活跃和淘气。有一次在教室里，他不小心折断了花盆里的一株玫瑰花，而这是一盆全班同学都十分珍爱的玫瑰花。因此，我向他大声喊叫，说他是没心没肺的人。总之，我一心想着怎么能让他明白错误，戳到他的痛处。后来，孩子们又搬来三盆花放到教室里，每天都很尽心地照料着。但由于我的参与，斯捷帕被排除在这项集体活动之外。从此以后，他变得不太爱说话了，也不那么淘气了。我倒觉得这样挺好，说明我的训斥对斯捷帕起了作用。后来我才明白，随着时间的推移，斯捷帕越来越坚信我对他是不公正的。因为他不是故意把玫瑰花折断的，而且他已经对自己的行为表示后悔，并愿意不惜一切代价来弥补过错，而我对他想要改正错误的心愿竟置若罔闻，还简单粗暴地以"施加教育影响"为名忽略他的悔过之意，对他大动肝火。但这一点我是过了几周后才明白的，因为又发生了一件事。

有一天下课后，我在教室里耽搁了一会儿。斯捷帕也在那里，他刚做完作业。当他发现教室里只剩我和他两个人时，立刻感到很窘迫，就想赶紧回家。我没注意到他的心态，还很随意地提议他和我一起去草地上采野花。斯捷帕皱着眉头苦笑了一下，随即眼泪涌出了眼眶，他冲到我前头飞快地跑回了家……这时我这才明白，我的责罚给这个男孩造成了多么大的痛苦。

这是我当初获得众多教训中的一个，这些教训使我明白了，惩罚永远是把双刃剑，最好将其搁置不用。无论孩子的过失多么严重，如果他不是出于恶意，就不应该予以惩罚。既然在孩子的生活中恶意是极为罕见的现象（在一万个孩子中未必能遇到一个孩子真的是出于恶意去做坏事的），那么，发生惩罚孩子的事情应该只是个例。

通常情况下，我对无意干了坏事的孩子都采取宽容的态度。宽容能触及儿童自尊的最敏感的角落，并激发他们心灵深处坚决改正错误的积极性。这样做的结果使孩子们不仅为自己所犯的错误深感懊悔，还会以积极的行动去弥补过错。

有一次，五年级学生科斯佳和根纳季在院子里奔跑时折断了一棵小苹果树，而这棵树孩子们已经精心照料了两年。回到教室后，我坐在桌旁，不知道该如何开口。30双眼睛都看着科斯佳和根纳季，他俩面色苍白，不知所措地站在黑板旁，尽管谁也没有让他们站在那里。孩子们看两个闯祸者的目光里没有谴责，没有恼恨，有的只是同情。在一个友爱的集体中，这也是很自然的——因为小伙伴倒了霉、遭了难就应该得到同情。在这种情况下，难道还谈什么给这两个闯了祸的孩子惩罚吗？惩罚在这里已经没啥意义了。

让科斯佳和根纳季回到自己的位子上坐好后，我对发生的事表示了遗憾，并提议说应该找到挽救的办法。我告诉孩子们夏天也可以移植树木，但需要予以特别细心的照料。于是，立即就有孩子表示，愿意尝试在已夭折的小苹果树原处再移植一棵新的。放学后孩子们与科斯佳、根纳季一起去了苗圃，在那里选中了一棵苹果树苗，大家小心翼翼地把它搬运回学校里栽种下去。

此后，谁也没有再跟科斯佳和根纳季提及那件事，也没谁强迫他俩去照料苹果树苗，但他俩成了这棵苹果树最热心、最操劳的保护者。秋天，两个男孩在学校院子里把全班在春天栽种的所有树木周围的土都松了一遍，还往果树上打药消灭害虫。他们如此高涨的劳动热情是他们深刻认识到自己过错的结果吗？是，但又不完全是。激发他们劳动热情的主要源泉是大家对他俩的信任、同情和对他们内心世界的理解。

在同样情形下，宽容对一个人在精神上的触动要比惩罚强烈得多，这种情况屡见不鲜。

有一个少先队中队在着手培植高产玉米。孩子们给地里施了肥，还制作了积雪用的挡雪板。冬天，他们把挡雪板分插在地里。每场雪后有一名少先队员负责到地里去移动挡雪板。这项工作并不难，但责任重大。这回该轮到科利亚去移动挡雪板了。他是一个朴实、爱劳动的学生，谁也不怀疑他会不完成所承担的工作。但我发现这个孩子一整天都在滑冰。傍晚时我问科利亚：

"你去移动挡雪板了吗？"

"是的，移了。"科利亚吞吞吐吐地回答道。但从中我已经确认这孩子是玩得入了迷，忘了自己的工作，现在不得不撒谎。

"好吧，我们一起去看看你是怎么移的。"我这样说，意在暗示科利亚如果他工作得好，就可以得到表扬。

科利亚磨磨蹭蹭地走在我后面。挡雪板自然是原封不动地还立在老地方。科利亚窘迫而惊慌失措地站在我面前，不敢抬头。这是多年来科利亚第一次撒谎，原因是他太热衷于滑冰了。我们沉默了一会儿。我忽然对第一次陷入尴尬境地的科利亚同情起来。可怜的、无助的他用祈求的目光看着我。我装作什么都没发现的样子，对他微微一笑，建议说：

"科利亚，你再移动移动挡雪板吧！你瞧，又下了这么多雪。"

科利亚如释重负地舒了口气，开始敏捷地移动挡雪板。他未必确信老师没发现他的小谎言，但看来他感觉到了老师是设身处地为他着想，体谅了他的难堪。我觉得，科利亚此时对自己错误认识的程度，要比我揭穿他不诚实的欺骗、缺乏对集体的责任感要深刻百倍。科利亚牢牢固定住了所有的挡雪板，不放过表面雪花可能被风吹走的所有小土坡。他精神抖擞、兴高采烈地从地里往回走，一路上不停地给我讲着自己遇到的开心和不开心的事儿。当我们路过校园时，他发现苗圃里有些果树的幼苗已经从雪底下钻了出来。

"应该给它们盖上雪，还会有大寒流来的。"他说。

但愿读者不要误以为我们在一味地宣传宽容且否定惩罚。惩罚是一种有效的教育方法，不过草率地采用惩罚会削弱学生集体，往往会导致学生互相包庇。刚出现相互包庇现象时，从学生的视角看，这是集体抵制教师的不公正的正当防卫。众所周知，在低年级班级里是没有互相包庇现象的。低年级孩子会坦率、单纯地告诉教师同学的错误行为。在低年级班级中，错误行为的肇事者与告诉教师这一行为的孩子之间不会发生冲突。公开向教师报告犯错同学行为的人，不会被同学们叫"告密者""小密探"，以及其他侮辱性的绰号。这些绰号要在稍后，随着互相包庇现象的产生，才出现在孩子的词典中。

二年级学生斯拉维克在课间休息时故意出脚绊了科利亚一下。科利亚摔倒了，磕破了点皮，大哭起来，一气之下他跑到教师那里告了斯拉维克一状。这事发生在课间休息刚开始时,到课间休息结束时科利亚不仅已经平静下来,而且忘记了自己的委屈。在与斯拉维克互相追逐中,他不仅两次绊倒了斯拉维克,还顺手捶了一下一个路过的一年级男孩的后背,抓了一下旁边站着的一个小姑娘的辫子。当然教师可能没有看到所有这一切,但她应该了解,像所有孩子一样,科利亚告同学的状,目的只有一个,就是想听到教师批评斯拉维克这样做是不对的。

但是教师没有注意到这一点。她认为斯拉维克就应该为自己的行为受到惩罚。课间休息结束后,教师在课堂上责问斯拉维克,他为什么要这样做,还会不会再次破坏纪律。小男孩没说话,他也确实没有什么可说的。孩子们都同情地看着斯拉维克,偶尔也有人瞄一眼科利亚,大家的目光是焦虑的、责备的、不满的。科利亚觉得自己是造成同学被惩罚的直接罪人。当斯拉维克因伤心和委屈而大哭起来时,科利亚也放声大哭了起来。

"肇事者"斯拉维克的眼泪让教师感到很满意。但这个泪水包含的却是对教师的怨恨和自己内心的痛苦,而不是良心上的自责。

这次事情之后,就再也没有人互相告状了。同学们都尽量"不出卖"任何闯祸的孩子,这样就形成了孩子们联合起来共同对付教师的局面。天长日久,孩子们的这种建立在不健康的、错误的基础上的"团结"越来越牢固,并逐渐开始把严重的、绝对不被允许的行为也隐瞒起来。

不管是什么样的事导致学生的相互包庇,问题的实质只有一个,那就是教师不善于使用惩罚这种精致的教育方法。

有时教师还想让班集体支持对某个学生施加的惩罚，使犯错误的孩子感受到舆论的压力，甚至还企图以集体的名义施加惩罚。这样做是非常有害的，因为这只能在学生所拥有的贫乏的社会生活经验中增添一些似是而非的认识。如果让孩子们从低年级起就能在同学的不体面行为里发现错误并致力于去帮助同学改正错误，效果就会好得多。这种帮助里应该有谴责的因素，但谴责应该是善意的，不会给孩子带来憋屈。

有经验的教师善于利用集体中已形成的氛围，使集体能够委婉地、友好地表达对各种恶习的批评。

三年级学生别佳上学常常迟到。他的母亲清晨5点钟去上班时就在儿子的床边放了一只闹钟，把时间调到7点钟。但别佳被闹钟闹醒后马上又睡着了。教师找这个男孩谈过好几次，让他要严格管理自己，但是无济于事。同学们也都知道别佳贪睡。于是教师就请全班同学都来帮助别佳改掉上学迟到的毛病。教师把别佳的缺点说成是他的不幸。在帮助同学的号召中教师非常巧妙地暗示了别佳的懒惰。显然同学们对此也都心知肚明，大家就积极地行动了起来。他们每天早晨都到别佳家去，在门廊上等着闹钟响。闹钟一响，他们就敲窗户呼叫："别佳快起床，闹钟响啦！"

这种友好的帮助效果好于任何惩罚。同学们善意地与别佳开玩笑，在这样的场合下这种玩笑又是最严肃的批评方式。它既能触动别佳的自尊心，又不会使他感到受了侮辱。终于，别佳学会了不用闹钟，也不用同学们的帮助自己按时起床了。

五年级学生阿纳托利上课时不好好听讲，悄悄地从口袋里掏出一些火柴盒来搭小房子。有时候火柴盒还会发出奇怪的声音，原来是阿纳托利抓来的瓢虫、金龟子、蝴蝶在火柴盒里备受煎熬发出的声响。全班同学对他的"小玩意儿"都挺感兴趣，因此要求五年级学生去批评如此有趣的、如此吸引人的事情，简直就是匪夷所思。更有甚者，还出现了阿纳托利的模仿者……必须找到一种批评方式，并要使这种批评确实是来自学生集体的，且是真诚的。

有一次我到教室里去，像是有意无意地与同学们谈起了阿纳托利。

"他上课时感到很无聊，"我说，"所以他带来了各种各样的玩意儿来娱乐。但是，看来玩意儿还太少。你们帮帮他吧！明天大家都可以把各自的玩具带到学校里来。女孩子们还可以给他做一个布娃娃。也许你们的玩具能让阿纳托利更开心。"

虽然我说话的语调很严肃，但孩子们都明白，若按校长的请求去做，大家准能把阿纳托利置于可笑的境地。这个有趣的游戏吸引了孩子们，他们果真拿来了许多玩具：小盒子、口哨、铃铛、布娃娃。

以前能给阿纳托利解闷的东西，现在让他十分痛心了，因为他感觉到同学们在取笑他。后来他就再也不好意思把不该拿的东西带到课堂上来了。

年轻的教师和辅导员们，我想给你们几句忠告：不要急于使用惩罚，要好好想想导致孩子做出这样或那样错事的原因在哪里。要有意识地把自己放在孩子的位置上，这样你们就会相信，他是能够用自己的力量去克服自己的缺点的。

六、集体有责任去提高个人的精神境界

儿童在一个为自己的道德品质感到自豪的集体中，就会自觉地努力学好。

对集体的道德面貌所做出的评价，是激发向善、向好愿望的因子。因为这种评价能让儿童仿佛意识到自己是集体的一分子。

一年级学生在下半学期时就开始与同年级其他班级的同学相互检查练习本、教科书和其他学习用具。每天孩子们都要相互检查书包、放练习本的夹子的状况，对教科书检查得尤为认真仔细，要看书里有没有墨迹或污点，有没有书签。

几年前在做这样的检查时，大家常常要给一个名叫莉达的女孩子提意见。她不是教科书的封面上满是墨迹，蘸水笔的笔尖没放在文具盒里而是夹在书里，就是家庭作业完成得马马虎虎，本子上有墨点。检查完之后，教师通常会对孩子们说怎样改掉同学们指出的缺点。教师想让大家明白莉达马马虎虎的缺点影响了班级的荣誉。

但是教师的劝诫对莉达毫无作用。而班上的其他孩子，对于他们中间有个女孩子几乎每天都被提意见一事，依然无动于衷。

教师感到应该改变对孩子们施加影响的方法。于是教师在总结检查情况时不再说出受到批评的学生的名字，而是对整个班集体说：

"孩子们，今天我们只有两名同学受到了批评。如果不是因为他俩，我们班就可以在比赛中获得第一。"

孩子们对此评语的理解与以前完全不一样了。他们开始质问这两个拖后腿的学生："为什么你们的作业本上老是有污点？为什么你们的书本老是乱七八糟的？"在课间休息时，他们请求这两名同学写作业认真一点，不要弄脏书本和练习本。就这样，班级里第一次出现了集体感。莉达变得越来越爱整洁了，每个月都有进步，快到学年末时，这个班级几乎每天都在比赛中获第一。

一次，少先队员们开展积肥活动。各个中队之间展开了竞赛，优胜者的条件是：首先，中队的每个成员必须参加这项活动；其次，看哪个中队人均积肥数量最多。有一个男孩没有参加这项活动。尽管这个男孩所在的中队每个少先队员积肥的数量都比其他中队多得多，但这个集体没能成为优胜者，相反，该中队成了最后一名。

在进行比赛总结时辅导员解释，由于一个人的懈怠，整个集体被落在最后。辅导员根本就没提那个拖累了集体的人的名字，但是孩子们知道他是谁。他们责备那个拖累了整个中队的少先队员："为什么你不积肥？要知道是因为你，我们全都落后了！"

这种直接的、简单的指责深深地刺痛了这个男孩，他第一次强烈地感觉到自己是集体中的一员。以下事实证明了他确实有向好的愿望。一个月后又开展了一项新的收集废铜烂铁的比赛，获胜条件与上次相同。这一次这个男孩用雪橇运来了 20 多公斤的废铜烂铁，还送来了一只不知从哪里捡来的铜油灯。隔了一天他又运来了约 20 公斤废铁并请求暂时不要登记这次的废铁。

"为什么？"辅导员问。

"如果有人忘了送废铁来，就把这些记在他的名下。"男孩解释。

如果孩子们意识到他们是一个整体，那么这个集体就会拥有强大的教育力量，这种力量不是表现为集体可以批评和惩罚某个成员，而是集体把成员的所有好的与坏的东西都当成自己的，对一切不好的行为承担责任。

一次，在一个少先队中队里发生了一件不愉快的事情。春假时，孩子们帮助集体农庄庄员播种向日葵种子。一个男孩拿了一把葵花子放在自己的衣袋里打算带回家去。在临回家前休息时，同学们发现了这件事。辅导员发现大家都好奇地看着这个孩子鼓鼓的口袋，一个好奇的女生从这个男孩的口袋里掏出了一把葵花子，这让大家都感到很不好意思。他们没有勇气当着农庄庄员的面揭露自己的同学。他们把他带到一边，他悄悄地把向日葵种子掏了出来。

回家的路上，大家都默默不语。辅导员清楚地看到，孩子们除了对小男孩的行为充满了义愤，还埋怨这个同学让大家都蒙受了莫大的屈辱。

又过了几天。教师和辅导员都确信，孩子们似乎是不好意思提起自己同学的过失：这件事实在太严重了，理应受到严肃的惩罚。最后谈到这件事时，中队主席说：

"我们早已惩罚过他了。春天,他不能和我们一起去果园了。"

事情是这样的,春秋两季,孩子们都要到农庄的果园去劳动几天。现在集体决定不让犯错的同学去果园。

实际上这个惩罚推迟了三个月才执行。然而谁也没有忘记这件事。当全班同学在果园里劳动时,这个犯了错误的男孩几次偷偷走近同学身边,但是没有人邀请他一起劳动。

有一次,孩子们正在为星期日义务劳动做准备工作。大家都在集中精力讨论第二天的计划,谁都没有注意到这个同学。他就坐在旁边,听着同学们的热烈讨论。然后,他走到同学们跟前怯怯地问:

"你们能带上我吗?"

少先队员们决定带他去。他们集体找到辅导员,为他求情:

"他以后再也不会拿任何东西了。我们给他担保。"

辅导员当然只能同意孩子们的请求。于是,这个男孩获准与全班同学一起去采摘水果。他确实也没有辜负大家的信任。

孩子们为自己的同学做担保,是因为把他的不良行为看作是一种错误、过失。而对犯错误的男孩而言,集体对他的保护是一种强烈的精神触动:他懂得了自己的命运取决于集体。正因为如此,犯错误的男孩才会努力争取不辜负集体对他的信任。

我们学校曾经有一个淘气的男孩,名叫瓦利亚。有时候他淘得出了圈儿,并且妨碍了其他孩子安静地学习。有一次上劳动课前,他把糨糊瓶分发到课桌上的时候,在女孩子的糨糊瓶中注了一点水。被水稀释了的糨糊与正常的糨糊一点差别也没有,只是没黏性。无论女孩子们如何努力,她们就是粘不牢东西。而瓦利亚和他的一帮朋友却在偷着乐。

就这样一直到下课，女孩子们也没搞明白为什么她们完不成任务。课间休息时，大家才知道是瓦利亚干的坏事。男孩子们把他围住，他不得不承认了。女孩子们决定用自己的方式去整治这个胡闹的男孩，她们扯他的耳朵，还给了他几巴掌。教师对这件事当然一无所知，无论他怎么问学生们谁是肇事者，大家都什么也不说。到了快下课时同学们才说，他们错把变质的糨糊倒进瓶里了。

一个月后瓦利亚又干了件坏事：他把粉笔屑撒进4个墨水瓶里，迫使几个学生不得不在上课时向教师求助。教师说要把瓦利亚的家长叫到学校里来。这下把这个男孩急坏了，他哭了起来。同学们知道他的父亲可能会狠狠惩罚他，都向教师求情：

"别叫瓦利亚的父亲来学校。他以后再也不会干任何坏事了。"

教师明白如果按孩子们的请求办，不仅可以使瓦利亚免遭过于严厉的惩罚，还能加强他对学生集体的责任心。后来瓦利亚的父亲来学校了，但教师只字未提瓦利亚干的坏事。

此后，瓦利亚明显改变了。有一次夏天，全班去游泳。有个男孩想与同学们开个玩笑。他弄来许多荨麻叶，把它们埋在孩子们要晒太阳的沙子里。瓦利亚发现了他的恶作剧，从沙子下面拣出了带刺的荨麻叶并扔掉了它们。瓦利亚还做了几根钓鱼竿送给了同学们。当同学们都去看降落在村边的飞机时，他一个人留在学校里值守。

如果学生集体是坚强的、团结的，那么它就有力量对哪怕是最严重的过错承担责任。在这种情况下，做了错事的儿童或少年往往能深刻地意识到自己行为的错误，并因集体帮助他认识了错误而感谢集体。

阿纳托利是一个16岁的小伙子,转学到我们这里来上九年级。他当时已是一名共青团员,但是我们发现他与集体对立,疏远同学们,对集体关心的事情从来不发表意见。他不愿意参加集体劳动,虽然表达了想掌握一门专门技术的愿望,但也没有表现出特别的热情。

读完九年级后的那个夏天,阿纳托利去农庄进行生产实习,担任拖拉机手的助手。有一天,拖拉机手让阿纳托利给中耕机的零件上油,但阿纳托利没有照办。过了两天,中耕机就不能工作了。

阿纳托利不得不承认自己没给中耕机上油,拖拉机队队长要求在全校的共青团员大会上讨论这件事并处分过错人。

会议开得很激烈。同学们批评阿纳托利不诚实,对社会主义的财产不负责任,还批评他不尊重劳动者。所有与会者都认为,根据他的这种行为应该把他开除出共青团。

严厉的批评使阿纳托利受到极大的震动,他不知所措了,显然他是第一次感觉到集体舆论的力量。共青团员们看到了阿纳托利并不是不可救药的,还可以帮助他改正过来。犯错误的阿纳托利很可怜、无助、慌乱,这就足以在共青团员们的心中产生对他的同情。他所在的九年级的共青团组织请求,不要惩罚阿纳托利。他们集体为他担保,保证他将来一定会成为一个模范的好团员。

全校共青团员大会结束后,班级又召开了团员会。在会上共青团员们坦率地对阿纳托利说:

"我们为你做了担保,就要对你的一切负责。你任何时候都不能忘了这一点。如果你再做了什么坏事，受批评的不仅是你一个人，还有我们整个集体。"

阿纳托利保证用行动来证明，他将是一名好团员。

在每个受教育者的生活中都会发生一些对其道德面貌的形成起决定性作用的事情，对于我们而言，这样的事情有时候似乎是微不足道的。上述事情对阿纳托利就起到了这样的作用。他完全变了：他开始关心集体的利益，对同学的需要和请求能积极地做出响应，遇到难事时能与共青团员们商量处置办法。

第二个学年开始时，他请了三天假。这三天他都与那个被他糊弄过的拖拉机手一起工作，因为那个拖拉机手的助手病了。

第二年夏天，放假的第一天阿纳托利就去了拖拉机队。拖拉机手对他的反映很好。从学校毕业后，阿纳托利成了一名很好的劳动者，他在建筑工地上当司机。

有一次，五年级的两个班去一个大城市旅游，在那里的学校住了两夜。晚上五（2）班的一个男孩出了一件尴尬的事，他尿床了。从五（1）班传出的讽刺挖苦话沸沸扬扬，不健康的好奇心高涨……这刺伤了五（2）班所有学生的自尊心，他们决心无论如何不说出去谁是那个倒霉的人。为了报复五（1）班的嘲笑，五（2）班有个学生想出了这样一个诡计：往五（1）班的三个学生的床单上倒水。

"我们只有一条床单是湿的，而你们有三条。"五（2）班的学生对嘲笑者说，后者不得不退缩。

由于集体的机智、巧妙，一件不愉快的事被成功地转化成一场玩笑。此后，那个出事的男孩时时处处都力争表现出自己对集体利

59

益的关心。他成了最积极的小组成员，总是积极参加各种集体活动。当其他同学需要帮助时，他总是表现出极大的热忱。

教师表现出的同情、关心，会在学生的心灵中留下不可磨灭的痕迹。而集体的同情与关心所留下的痕迹更深入人心。教师的任务就是要让每个学生都体验到对集体的感激之情，感激集体在自己困难时所给予的同情和帮助。

七、对他人的关心和责任能强化儿童的自尊

对他人的冷漠,是最不能容忍的最危险的恶习,在儿童的道德面貌形成时期尤为危险。一个孩子,他可能是遵守纪律的,执行力很强,做事认真,热爱劳动,为人忠厚诚实,从来不染指属于集体或同伴的财物。但是,如果他的内心对同伴的痛苦、担忧或烦恼不能做出响应,如果他不能为了他人牺牲自己的利益,所有这些优点也就毫无价值了。这种人身上的遵守纪律、热爱劳动之类的优点都是建立在自私自利的动机上的。

一个具有美好心灵的人首先要有爱人之心。他对共同事业的忠诚来源于这种对人的爱。培养对他人的爱和积极地去关心他人是苏维埃学校最重要、最崇高的任务之一。我们在学生集体中建立各种关系时,要使每个受教育者都能把自己的绝大部分精力放在关心他人上:关心同学,关心家长,关心所有需要帮助和支持的人。在这种相互关系中积累起来的道德经验,是培养诸如无私、善良、真诚、

富有同情心等优秀道德品质的用之不竭的源泉。

我们力争做到使我们学生的幼小心灵中不存在不尊重人、对同学漠不关心、冷漠无情等恶习。如果一个学生在一个月内没有为其他人做过任何事情，这就说明教育工作中出现了不正常现象。从学生刚进入学校时起，教师和少先队辅导员就开始帮助孩子们建立起良好的相互关系，这种关系使每个孩子都能随时随地关心自己的同学和其他人。下面是一年级的一个班级的学生在一周的时间内是如何相互帮助的例子。

柳芭的手指缠着绷带，洗套鞋很困难。科利亚帮她洗了好几天套鞋。

加利娅带了一个大球到学校里来。男孩子们都在玩这个球。球掉到了稠密的槐树枝上，于是就挂在树上了。托利亚爬到树上把球取了下来。后来他接连三次爬上树去为大家取球。

奈利娅不会削计数用的小木棍，也不会把小木棍捆起来。加利娅和柳芭就帮助她。

加利娅被蜜蜂蜇了。让娜帮她把刺从伤口里挑出来，并用自己的手绢把她肿起来的额头包扎好。

莉达书包上的扣子掉了。托利亚从自己的书包上扯下一粒多余的扣子，由教师把这粒扣子缝到莉达的书包上。

维佳的妈妈两天没在家，奶奶又病了。丽佳和莉达请自己的父母去帮助维佳的奶奶。这两个小姑娘的家长都为病人提供了帮助。孩子们也都积极地施以援手，他们帮着搬柴、扫地、倒垃圾。

维佳光脚在路上跑，结果脚被扎了刺。尼娜和沃洛佳搀扶着他

七、对他人的关心和责任能强化儿童的自尊

走到教师休息室，为他包扎伤口。

科利亚是个残疾孩子，只有一只胳膊，一只眼睛失明。每个学生都认为自己有义务帮助他。如果天气不好，同学们就送他回家，一路上细心照料，不让他摔跤，也不让他磕着绊着。每天都有男孩或女孩去他家帮他背书包。如果科利亚病了，几乎全班学生都会到他家里去，把在教室里学过的字母或听到的故事告诉他。

新的一周开始了。孩子们的相互关系中又出现了新的景象。这样月复一月，年复一年，孩子们之间的相互关心和相互帮助的关系发展得越来越巩固，其意义也变得越来越重要。由于孩子们在几年里都一直不断地关心他人，所以他们对任何需要帮助的人都不会不闻不问、无动于衷。

一次，集体农庄的一位女庄员病得很重，人们把她送到了医院。家里留下了两个孩子，一个3岁，另一个6岁。少先队员们焦急不安地把这件事告诉了辅导员。他们听从辅导员的建议，在母亲出院回来前的一周内承担起了照顾孩子的责任：他们帮助孩子的父亲收拾房间，做饭，还给孩子们带去玩具，给他们讲故事。

处于少年，尤其是青年时期的学生表现出来的对同学的关心，充满同志式的真挚友谊和诚恳。我们尽力在中、高年级学生之间建立起这样的相互关系，使他们能够在相互帮助、相互关心的同时表现出对共产主义道德准则和自己信念的顽强性、坚定性、原则性和忠诚。到这个时候，关心他人就具有了更严肃的性质。

十年级学生安娜的父亲病得很重。安娜连续几天都在医院里照顾父亲。她的朋友斯维特拉娜为安娜落了好几天课而担忧，提议和

63

她轮流去照顾病人。

奈利娅和莉季娅得知她们的好友拉伊莎不想再读书，打算辍学，家里也没人阻止她这样做。两个姑娘去找女伴的家长，说服他们应该让拉伊莎从学校毕业。家长赞同姑娘们提出的理由，于是拉伊莎上完了中学。

建筑工地上的一个年轻工人侮辱了莉季娅。她的朋友柳芭坚信自己的朋友是无辜的，她便直接去找到这个青年工人，坦率表达了自己对他的行为的看法。她说，如果年轻人不到班里当着全班同学的面请求莉季娅原谅的话，她就与朋友们一起把这个人送交社会法庭审判。年轻工人知道自己不对，不得不去班里请求被他侮辱的姑娘原谅他。

叶甫根尼在俄罗斯文学（作文）这门课上，9月连续两次不及格。伊万这门课学得很好，他保证要帮助同学进步。两个小伙子开始一起学习。伊万督促叶甫根尼在语法上多下点功夫。到了10月，叶甫根尼的作文得了"优"。但是伊万对同学的关心并未就此而终止，他继续与叶甫根尼一起学习了几个月，直到叶甫根尼在文理通顺方面已经很稳定，可以对他放心时为止。

学生们在做所有这些高尚的事时，其个人利益会受到一定的损害，毕竟关心他人需要花费精力和时间，付出努力。但正因为有了这种个人自我牺牲的意识，才确立了人的自尊感，使年轻人的精神境界得到升华。

全体同学连续几年关心一些需要帮助和经济支援的同学，这是培养关爱、热情、真诚等优秀品质的重要手段。有些同学正是靠这种

七、对他人的关心和责任能强化儿童的自尊

帮助读完中学的。这对于被帮助者和助人者都具有很大的教育意义。

伊万和维克托两兄弟上四年级时,父亲去世了,母亲又一直患病。家里年龄最大的孩子是上六年级的弗拉基米尔,于是母亲决定让他辍学。伊万和维克托兄弟俩请求母亲不要让大哥离开学校。暑假里弟兄三人在集体农庄劳动,挣钱补贴家里日常开支和给自己买书本。他们所在的班集体也给予了他们物质帮助。孩子们从暑假劳动所得中拨出一笔钱作为同学之间互助的基金。

兄弟俩读完七年级后决定参加工作。班集体又说服了他们的母亲,让他们俩留校继续学习。孩子们还帮助自己的同学准备过冬的柴火,并把班集体两年来在星期日义务劳动中挣来的钱都用来支付兄弟俩的学费。这一切都是悄无声息地做的,以至被帮助的人根本不知道是班集体为他们支付了学费。班上也从来没有哪个同学向他们兄弟俩做过暗示,让他们觉察到自己在某种程度上依赖于集体。孩子们这种含蓄而巧妙的做法说明他们很富有同情心,很无私,很具有自我牺牲的精神。

少先队员和共青团员们与低年级孩子建立友谊,是培养真正的关心人、同情人、对人热忱等优秀品质的一条重要途径。

五年级一个中队的少先队员们在加利娅上学前就与她结下了友谊。那时候加利娅生着病:她的手和脚的关节都患了慢性疾病。天气不好时,有时候并没有什么明显的原因,她的病痛就会加剧,会使加利娅连续几个星期卧床不起。当少先队员们与小姑娘相识时,正巧是她的病情加剧时期。孩子们千方百计地想减轻加利娅的痛苦。每天一清早他们就去看望病人,帮助她的母亲把加利娅抱出来晒太

阳。他们还放了一张小床，在树上搭了一条被子，让阳光不直接晒到她的头部。少先队员们给小姑娘讲童话故事和英雄们建功立业的故事。在她生日那天，少先队员们送给她一本带插图的《安徒生童话故事》。

每到阴雨天，加利娅自我感觉很差。少先队员们的来访会让她特别开心。后来有一次，正值加利娅特别难受的时候，整整一个星期没有人去看望加利娅，因为孩子们忙着准备庆祝十月革命节。小姑娘哭着请求母亲去找少先队员们。母亲去学校转达小姑娘请求的那天，恰好是节日的前一天。全班同学都很为难，没有人愿意在这个欢乐的时刻坐在病人身旁。教师看了尼古拉一眼，这个男孩便立即自告奋勇去看望加利娅。节日前夕他在小姑娘身旁坐了整整一晚上，给她读故事和诗歌，给她看有趣的玩具。第二天，在学校上午的庆祝活动期间，除尼古拉之外还有两个女少先队员去看望了加利娅。上午的庆祝活动结束后，全班同学都到加利娅家去看望她。孩子们在她的房间里把他们为十月革命节准备的节目重新演了一遍。

后来再也没有发生过节日期间撇下加利娅一个人的事情，她身旁总是有少先队员陪伴着。每一次，当需要有人为了生病的女孩而放弃与集体在一起的欢乐时，教师总是号召孩子们自愿报名。而自愿报名者往往是那些平时对人态度冷淡，甚至毫无感情的孩子。这是因为大家都懂得，教师号召他们去做的这件事情显然是十分高尚的，没有一个孩子能对此无动于衷。

到了冬天，加利娅的病情有好转。孩子们开始带她到户外去。他们专门为她做了一个小雪橇。让她坐在雪橇上拉着她去学校看新年枞树，也给她家里布置了一棵新年枞树。后来这就成为班级的一个传统：少先队员和共青团员们都要来到新年时生病的同学家里，专门为他们布置一棵新年枞树。

春天，在五年级学生的帮助下，学校工厂为加利娅制作了一辆小推车。天一转暖，加利娅就坐上小推车去户外晒太阳。

到了夏天，加利娅的健康状况大大好转。孩子们把她接到自己举办的少先队夏令营里，让她在这里一边休息，一边复习功课准备上学。

到了加利娅该上学的时候了，全班少先队员送给她一件乌克兰绣花衬衫作为礼物，衬衫上的花是孩子们亲手绣上去的。

加利娅只上了两个月的学就又病倒了。为了不让小姑娘落在后面，现在已是六年级学生的少先队员们每天轮流去她家里，教她认字母，学习阅读、书写和计算。一年级教师也不时地去加利娅家，她告诉少先队员们如何教生病的女孩，使她不至于过分落后。初冬时，加利娅能起床了，可是她去学校上学才一个半月又病倒了。少先队员们明白落到自己身上的责任有多么重大。大家认为加利娅很聪明，又很勤奋，如果有人在家里教她，她是不会落后的。少先队员们开始了一次看起来极其平凡，但却需要细致和耐心的日常劳动。他们付出了很多精力，使这个上学仅两个多月的小姑娘非但没有落后，而且升入二年级。在一个春光明媚的日子里，校长、教导主任和教师都来到加利娅家，他们考核了加利娅的知识和技能，最后宣布：教务委员会同意加利娅升入二年级。与此同时，他们还口头嘉奖了帮助加利娅的少先队员们。对于少先队员们来说，这是十分快乐的一天。

二年级时，加利娅依然经常生病。少先队员们请木工做了一副病人专用设备，借助于这个设备，加利娅可以抬起一点身子，倚靠在小桌子上写字和画画。

就这样，加利娅在高年级同学的帮助下读完了二年级和三年级。后来，她被送进疗养院疗养。小姑娘的健康状况好多了。她与高年级同学的友谊一直保持着。快要毕业的大哥哥大姐姐们还一直密切地关注着加利娅的成绩，检查她的作业本，帮助她完成作业。

毕业班的孩子们与加利娅告别时的情景是十分令人感动的。每个毕业生都送给加利娅一本签有自己名字的书。

关心他人，意识到自己对他人负有道德上的义务，无偿地为他人付出劳动，所有这一切能使似乎是最粗俗的、很难接受教育的孩子的心灵变得高尚起来。即使最冷漠、最没有同情心的孩子，只要我们能成功地激励他们去关心其他孩子，就能使他们变成一个好的集体中的敏锐的、有同情心的成员。

我永远也忘不了尼古拉。这是一个执拗任性、很不听话的学生，连最有耐心的教师都对他无可奈何。这并不是由于他使出什么狡猾的鬼花招，而是由于他对一切人和事，首先是对集体和同学们的利益漠不关心。这样的缺点在四、五年级的男孩子中也有表现。有一次，孩子们费了很大的劲才整理出来并粘贴好了一组反映他们暑假生活的照片。而尼古拉穿着湿淋淋的上衣就往上靠。一般来说，无论哪个孩子无意中做了这样的事，至少会感到不好意思，可尼古拉不这样，他只是冷漠地瞥了一眼被他弄坏了的照片。更有甚者，当大家要求他在另一张纸上重新写上标题和说明时，他竟不屑一顾。他对遇到麻烦的小男孩也表现出如此的冷漠。有一天，他遇到了一个在路上滑倒的一年级学生。这个孩子整个身子都趴在地上，身下压着沾满了污泥的书。尼古拉非但没去帮助他，反而从他身旁绕过，还嘲笑他说："我可不想也像你一样来个大马趴。"

我仔细观察了这个男孩子，发现他是在力图用自己的冷漠来引起周围人，首先是教师对他的注意，就像有些孩子企图用淘气、狡猾的鬼花招来引起别人的注意一样。对这样的孩子，就更需要激发他关心他人的情感。

于是，我趁节日之机，把一个五岁的小男孩米沙带到尼古拉所在的班上去。米沙是个孤儿，他的父亲在战争即将结束时牺牲了。孩子们兴致盎然地聆听我讲述米沙父亲的战斗事迹，以及他牺牲之后因功被追授勋章的故事。我的讲述引起了孩子们对这个小男孩的强烈同情。少先队员们许诺给小男孩做一个滑翔机模型，还要送给他其他礼物。连尼古拉也不能保持冷漠了，他走到米沙跟前，在米沙身旁小声地说："我回头给你带一个能蹦的铁青蛙来。"米沙听了，惊讶得张大了嘴。从此尼古拉与米沙就建立起了友谊。尼古拉送给米沙许多彩色的小人书和画片，还有几个他自己动脑筋做出来的逮蜘蛛的捕捉器，以及一些孩子眼中特别珍贵的"宝贝"。两个男孩一起制作风筝，一起放风筝，一起钓鱼，一起打黄鼠。夏天，尼古拉在牧场上放牛，米沙成天跟着他，形影不离。

全体少先队员对米沙表现出的关怀之情打动了尼古拉，使他与同学们的关系也日益亲近了。在这个故作粗鲁的男孩身上逐渐流露出了同情心和关爱，而且不仅是对米沙一个人，对别的同学也表现出这样的情感。

当米沙上一年级时，尼古拉已经是六年级的学生了。他加入了少年技术员小组，并且把米沙也带了进去。每当尼古拉在锯东西或者切割零件时，米沙总是守在这个大同学的身旁。

米沙读完一年级时，尼古拉给他送去了礼物，这是尼古拉在车间为他做的一个能开动的快艇模型。这些事使米沙更依恋尼古拉，也使尼古拉更依恋集体，因为尼古拉所做的每一件好事都得到了孩子们的热情赞扬。从二年级起，米沙就正式参加少年技术员小组的活动，与尼古拉一起进行操作了。

米沙对尼古拉的信任和感激变成了一股力量。这股力量不但激励尼古拉去做好事，而且使他满怀自信，觉得自己是个好孩子，是个正直、诚实的人，是他本应成为的那种人。在与米沙成为朋友之前他对自己成绩的好坏漠不关心，而现在他对分数也盯得很紧。

米沙在三、四、五年级学习时，尼古拉正好在八、九、十年级学习。班集体对米沙的关心越多，尼古拉就越强烈地意识到，自己对米沙的这一份关心，实际上是他本人对同学们应尽的义务。米沙在四年级时算术学得不好。尼古拉班上的共青团员们在会上讨论了米沙的学习成绩问题。尼古拉在会上保证，一定要帮助米沙学会解题。尼古拉履行了自己的承诺，与米沙一起学习了好几个月，给他解释每道题的内容。尼古拉按自己的方式，从学生的角度教米沙做练习。本来米沙在学习算术时困难很大，他之所以能够克服困难，一方面是因为他付出了艰苦的劳动，另一方面也是因为他对尼古拉有一种回报的义务，不愿让尼古拉因自己而失望难堪。

读完十年级时，尼古拉把自己最好的一套钳工工具送给了小朋友米沙。米沙也踏上了尼古拉曾经走过的道路，他成了少年技术员小组中最积极的成员之一，他也像尼古拉一样与一个小男孩——一个三年级学生做了朋友，而这个小男孩不仅从自己的大同学那里学到了技能技巧，还学到了高尚的人品——随时随地为集体无偿劳动、热情、富有同情心。

在我们的学校里，共青团员要对少先队员的生活和劳动，对他们的道德面貌负责，要负责从他们中间挑选优秀的、合格的人加入共青团组织，还要负责从道德方面培养这些未来的共青团员。少先队员与十月儿童之间的联系形式，则是由一名最优秀的少先队员固定联系若干名十月儿童。少先队大队在安排少先队员联系十月儿童时，当然要考虑孩子本人的意愿以及学生集体中各种各样的关系。一般来说，联系十月儿童的工作都分配给六、七年级的少先队员去做，个别情况下也可以分配给受过良好训练的五年级学生。

少先队员要给十月儿童讲述苏联人民在和平建设时期和卫国战争岁月中表现出来的英雄主义和自我牺牲精神，讲述那些为了苏联人民的幸福而献身的英雄少先队员的事迹。他们用朴实无华、通俗易懂的语言给孩子们讲述伟人列宁的生平，强调少年列宁主义者一定要在日常生活中为实现列宁遗训而奋斗。通过在我们学校的少先队和共青团组织生活中形成的传统，以上这些要求都得到了具体化。例如，我们学校里有一个"少先队聚宝盒"。凡是少先队员做了好事，如栽了一棵树，饲养了家兔或养了蚕宝宝，消灭了果树上的害虫，收集了观赏树或果树的树种，为体育室或实验室制作了直观教具等，都算是向"少先队聚宝盒"献了"宝"。每确认一件好事，少先队都要举行一次隆重的仪式：少年列宁主义者向自己的小队长报告自己为"少先队聚宝盒"献了什么"宝"，小队长再向中队全体大会报告。

如果集体确认所献的"宝"价值斐然，中队就把它记入全校的《少先队大事记》。这本《少先队大事记》实际上是孩子们参加共产主义建设的大事记。团组织和党组织也有权把优秀事迹记载在《少先队大事记》中。

负责帮助十月儿童加入少先队组织的少先队员，要把本大队、中队和小队中的好人好事讲给自己联系的对象听。他要让他们看《少先队大事记》，而那些小孩也渴望赢得"列宁主义者"的崇高称号，向往着他们的名字也将载入《少先队大事记》中。

十月儿童对"少先队聚宝盒"所做的贡献，通常是以集体（小队、小组）的名义载入的，但我们尽量做到让每个学生意识到并感受到自己的个人荣耀。

有一年，根据教师的要求，少先队大队安排六年级学生卡佳联系加利娅、尼娜、瓦利娅和娜塔莎四个小姑娘。卡佳把四个小姑娘带去集体农庄的畜牧场，参观她负责饲养的两头小牛犊，还指给她们看她所在班级的学生在农庄的1公顷少先队员园地里种植的饲料样品。少先队员为集体农庄的畜牧业所做出的贡献给这几个孩子留下了深刻的印象。她们了解到，少先队员们辛勤劳动为农庄提供饲料，能保证至少100头牛吃一个冬天。十月儿童的心里自然而然地

七、对他人的关心和责任能强化儿童的自尊

产生了为"少先队聚宝盒"做出自己贡献的愿望,而关于"少先队聚宝盒"她们已听说了很多。于是卡佳建议自己的小朋友们着手为农庄的试验田准备玉米种子。这些十月儿童花了几个星期的时间,一粒一粒地挑选最好的种子。工作结束后,农庄的队长向孩子们表达了深深的谢意。根据卡佳所在的六年级少先队中队委的决定,这件事被载入了《少先队大事记》中,记载如下:

一(1)班十月儿童小组做了一件好事。她们用双手剥出了2公担玉米粒并选出种子。这些种子全部达到播种要求。这是十月儿童为共产主义建设做出的第一次贡献。农庄用十月儿童准备的种子,收获了至少300公担玉米。十月儿童们,希望你们继续如此地热爱劳动,忠于人民。

即使小孩子们并非明白这段文字中每一个词,但是他们行为的本质、总的精神,社会对他们所做事情的肯定,他们是能理解,而且是能够感受到的。孩子们懂得了社会是会赞扬为人民奉献自己力量的人的。

他们第一次体验到了公民的尊严感。人越早体验到这种情感,集体的信任对他来说就越珍贵,他就会越珍惜自己的良好声誉,对其他人的困难、需要和利益就越能做出积极的响应。

卡佳坚持和小姑娘们一起劳动,向她们演示如何挑选种子,并把刚开始劳动时成功产生的热情保持下去。这个年仅13岁的少先队员对辅导小孩子的劳动十分认真严肃,她对那些孩子们通常会觉得似乎是莫大的不幸的小小挫折感同身受。例如,一个小女孩忘了该几点钟去劳动。卡佳去她家里,把她带到自己的同学那里,工作结

束后她在一张小纸条上写下了劳动时间，以免小姑娘再忘记。

少先队总辅导员和教师也协助卡佳不断创造新的方法去吸引十月儿童参加各种劳动。孩子们刚准备完玉米种子，卡佳就建议她们去收集刺槐种子。卡佳告诉孩子们，她们用自己的劳动来防止水土流失，帮助集体农庄庄员完成党和政府交给他们的任务。卡佳本人在为加入共青团做准备，对她本人而言，劳动饱含深刻的意义，因此，孩子们都很信任她。

过了一段时间，收集的刺槐种子都已播下了。几个星期过去了，可这些种子还没有发芽，这让十月儿童们忧心忡忡。有一天终于冒出了幼芽，孩子们高兴极了。在《少先队大事记》中出现了这样一段文字：

一（1）班的十月儿童播了2公斤刺槐种子。几乎所有的种子都发芽了。沟壑里长满了树，这使水土将不再流失。希望大家都能以十月儿童为学习的好榜样。

这些十月儿童读完二年级时，卡佳已是七年级的毕业生了。她建议吸收几个条件成熟的十月儿童加入少先队。而卡佳本人所从事的十月儿童工作，证明她已具备加入共青团的条件。

在我们的学校中有一个传统：团委会要为六、七年级的每个少先队中队指定一名共青团员，这名共青团员通常是从八、九年级中的优秀共青团员中挑选出来的，以期他能在两三年的时间内从事对少先队员的教育工作。他与学生们座谈列宁共产主义青年团的历史，给大家介绍学校共青团组织的活动。所有这些座谈和情况介绍都在向少先队员们传递这样的思想：共青团的大门向每个少年敞开，但

七、对他人的关心和责任能强化儿童的自尊

是只能吸收那些忘我地为共产主义理想而奋斗的人加入。六、七年级的班主任也会协助这些共青团员准备思想性充实、内容丰富的材料。

此外,对于在学习和纪律方面起榜样作用的最积极的少先队员,则应帮助他们学习共青团章程,也可由团组织委派给他们一些任务。每个中队中通常都有几个这样的优秀少先队员。团委要指派团员对他们进行个别帮助。我们认为这是共青团员的一项最光荣的任务。由于许多少先队员都希望加入共青团,因此接受这一光荣任务的共青团员也不少。团委往往把这项工作委派给新团员,因为这样做可以使每一个小伙子或姑娘从自己入团的第一个月起,就不仅教育自己,还教育他人。实际上让共青团员关心少先队员也就是在对共青团员进行道德教育。

共青团员要像对自己负责那样,对指定由自己帮助的少先队员负责,要对他的学习态度、劳动态度和行为负责。如果少先队员有不得体的行为,犯错误者就不仅是这个少先队员一个人,负责教育他的共青团员也有责任。

少先队员还与自己年长的同学一起参加共青团的公开会议,逐渐吸引他们参与共青团员们从事的其他活动。此外,未来的共青团员还必须完成一项团组织委派的重要任务。

1955年夏天,团委给七年级的一个四人小组分配了一项任务:成立一个少先队岗哨,保护收割下来的庄稼。根据团委的决定,岗哨的领导人是一名共青团员。少先队员监督防火条例的执行,一旦发现违反者,立即向大田生产队和拖拉机队队长报告。少先队员还

要监督庄稼长势，向拖拉机队队长报告哪块田里的庄稼已经成熟。收割时少先队员要密切关注收割机上装配的谷粒收集器是否正常工作，密切注意汽车和大车的车厢是否出现缝隙。有一次，在打谷场上，少先队员们发现，发动机排气管在排废气时冒出许多火星，风把火星吹到打谷场的棚顶上，而那里储存着上千普特小麦。少先队员就跑到司机那里报告了这件事。司机及时调整了发动机，火星随即便消失了。第二天，排气管上安装了一个灭火装置。少先队员们因他们的认真细致的工作而受到了嘉奖。

岗哨小组的四人中有三人加入了共青团。另一个少先队员因表现得不太积极，他的入团问题暂时被搁置了。团委交给了他一项新任务，而负责培养他入团的那个共青团员则受到了批评。

对于三个入了团的少先队员而言，参加保护庄稼岗哨的工作是他们参加社会活动的严肃的第一课。少先队员入团后能否增强责任感，不但取决于他对自己所承担职责认识的深刻程度，还取决于他参加团组织生活的程度。

我们确信，从教育的角度看，委派给少先队员的任务中效果最好的是那些能够为社会、集体创造新的物质财富的任务。在大部分情况下，这种劳动几乎没有任何物质利益，但越是无私的劳动，越能使未来的共青团员的道德面貌高尚起来。

这种教育过程还有另一个方面：无论是执行委派重要任务的少先队员，还是指派来帮助他的共青团员，他们总是在对某个人负责，始终在关心某个人。少先队员或共青团员对某个或某几个同学的关心越认真、越真切，就会越鲜明地表现出集体主义者的优秀品质——关心集体的成就，不仅希望自己成为集体中的优秀成员，而且希望整个集体的每个成员都成为好学生，都受到表扬。以下事实可作为例证。

弗拉基米尔比自己的同班同学大一岁。他在五年级时就开始争取入团。团委给他和他的一个同学伊万布置了一项任务：在班里组织一个"能手"小组，为幼儿园的小朋友制作玩具。弗拉基米尔兴致盎然地着手工作。他教会了几个男孩子用钢丝锯锯木头。从此，这个小组就不仅制作玩具，还制作其他有用的东西，如放花盆用的托盘、小书架、毛巾架、相框。所有这些东西都分送给低年级各班同学。低年级孩子们看到送给他们的这些东西时，高兴得眼睛发光，此时弗拉基米尔和伊万则感到极大的满足。

一年后，弗拉基米尔和伊万对无线电技术产生了浓厚的兴趣。入团前夕，他们俩合作，制作了两台无线电收音机，并把它们赠给两个五年级的班级。

就这样，在入团前的两年时间内，弗拉基米尔和伊万一直不断地关心其他人，把自己的力量和技能献给了集体。

除了参与物质财富的创造，少先队员或共青团员还有一些同样重要的社会工作。例如，团委委派少先队员去教识字很少的妇女或老人学文化，负责提高低年级中不努力、不守纪律学生的学习成绩，帮助老人和残疾人，等等。这些工作与从事体力劳动一样，也需要耐心、恒心，要具有热爱劳动的品质。

教上了年纪的人学文化，通常由十三四岁的少年来负责，这是一项独特的教育工作。学生们不仅教他们读和写，还为他们讲解党和政府的政策，这在某种程度上也促进了他们的日常劳动。这项工作通常交给最守纪律、最有自制力、品行最好的学生去完成。

这种团结友爱、互相帮助、人人关心他人、互相负责的人与人之间的关系，是共产主义思想教育的力量源泉。因此，我们全力以赴地去培育这种关系，力争使每个学生从童年时代起就把自己相当一部分的力量，包括精神和物质两方面的力量，用来建立集体的好风尚。

八、少先队员的社会义务

我们一贯致力于让我们的学生在青少年时期就形成真正成熟的公民意识,即把为社会服务看作一个人最重要的美德。

在这方面,少先队组织发挥了重要作用。它吸引孩子们从小就积极参加有意义的社会政治活动。在学校的少先队大队中有各种各样的儿童课余活动小组,每个小组都是某种社会公益劳动的组织者。其中最积极的一个组织是保护自然委员会,它由若干个小组构成,包括保护森林、果园和其他绿植小组,保护土壤小组,花、鸟之友小组,养鱼、养蜂小组等。

保护森林、果园和其他绿植小组的少先队员一旦发现果树或观赏树上出现了害虫,就立即向小组长报告。必要时,全组人员会立即带上手提喷雾器,奔赴出现害虫的地点。不少次病虫害都是由于少先队员们及时发现并采取了措施,树木才得以免遭严重危害。

1955年夏,少先队员们向组长报告,护田林带中出现了一种危害性极大的毛毛虫——松针黄毒蛾，于是整个林带都喷洒了杀虫剂。但是三天后毛毛虫的数量反而迅速增长。少先队大队全体都投入了消灭害虫的战斗，甚至夜间也安排了值班岗哨。后来，孩子们终于找到了孵化出松针黄毒蛾的源头，这个源头就是在离护田林带不远处的沟壑里生长的杂草和灌木。少先队员们用化学药剂对灌木丛进行了妥善处理，把杂草也清除干净了。

经过这次令人记忆深刻的事件之后，保护大自然委员会专门成立了一个小组，负责铲除杂草，因为杂草是滋生害虫的温床。这个小组的成员经常巡视沟壑、荒地、偏僻地方、宅旁园地，一旦发现哪里有杂草危情，就立即向集体农庄管委会通报，向村民发送通知书，孩子们把这种通知书称为"信号通知单"。这些"信号通知单"的内容主要是告诫大家，如果对杂草熟视无睹，则将威胁果树和观赏树的存活。

铲除杂草小组的工作对集体经济和农庄庄员们劳动、生活的文明程度的提高都产生了显著的影响。庄员们一旦收到"信号通知单"，赶紧就去清除杂草，不让杂草下一年再在这块地上出现。近年来害虫的数量明显地减少了。

保护绿植的工作培养了孩子们的原则性，也增强了他们对反社会行为的不妥协性。

1957年春，护林小组主动设置了几个观察哨，在夜晚观察护田林带。夜间站岗给孩子们带来了极大的欢乐。不平常的环境、独特的神秘感、潜在的某种危险性，所有这一切为平凡的工作平添了浪漫的色彩。当值勤人员抓住了两个盗伐树木者之后，夜间岗哨的作用在学生们眼中大大提高了。盗伐者中的一人正是参加夜间值勤的少先队员的父亲。结果他的儿子，一个七年级学生，亲自把父亲骑来偷树木的马牵到了村苏维埃。这件事轰动了整个少先队组织。孩子们热烈地争论自己对家庭和对社会的义务。绝大部分少先队员都赞扬他们的同学，因为这个同学不惧怕父亲的训斥和威胁，忠诚地履行了少先队员的义务，尽管这个父亲曾企图让儿子成为他的共犯。

少先队员热尼亚两次提醒担任大田生产队队长的叔叔说，他家旁边的高围墙后面长出了杂草。这些杂草现在还很不显眼，但各种害虫的幼虫会躲在那里过冬。热尼亚已经给这个队长发出了"信号通知单"，叔叔也答应了在三天之内清除杂草，但是他没有信守承诺。热尼亚把这件事写在了农庄的墙报上。叔叔遇到热尼亚时对他表示了自己的不满，称没想到自己的侄儿会这么对待他。

"叔叔，"少先队员说，"您自己在农庄庄员大会上说过，对于真正的农庄庄员来说，公共利益应高于个人利益。为什么您说的是一套，做的是另一套呢？"

叔叔无言以对。他想了想，然后对热尼亚说：

"好小子，愿你永远这样做。你会成为真正的列宁主义者的。"

保护土壤小组也完成了许多具有重大政治意义的经济工作。我们向孩子们宣讲这样一种思想：肥沃的土壤是全民的财富；每个人的义务就是使我们留给后人的财富要比我们从先辈那里得到的多得多。

少先队员们每年都要巡视集体农庄的所有土地。他们一旦发现有什么地方开始出现沟壑，就立即向农庄的农艺师报告。于是，庄员们就在这些地方开辟新的护田林带，种上树苗。少先队员们非常精心地照料这些树苗。

一次，拖拉机手不小心把一块栽了树苗的地翻耕了。少先队员们反复强调说，如果这块地上不长树的话，几年之后就会出现大坑，然后就会变成一条沟壑。于是这里又重新栽上了树苗。

在另一个春季，保护土壤小组发现，一个拖拉机手在斜坡上开出的垄沟不是横向的，而是竖向的，这很容易造成最表面一层土壤的流失。孩子们把这件事告诉了农艺师，农艺师立即来到那个地块上，要求拖拉机手根据这块地的具体地貌条件来耕地。农艺师在场时拖拉机手按要求耕地，但农艺师一离开他马上就又不按要求耕地了。于是少先队员们就跑去找农庄党委书记反映了这个问题。根据农庄庄员们的反映，近年来违反农业技术操作规程的现象的确减少了很多，连拖拉机手们在谈起这些少先队员时也很是佩服：

"这帮孩子，你可骗不了他们。本想不按规定干，结果没干成。咱们的少先队员，真是好样的！"

少先队员们有时候也会遇到一些自私自利的事件，需要与因循守旧和落后思想做斗争。个别庄员年复一年地在自家宅院旁的同一块地上种植同一种农作物，土壤变得贫瘠了。少先队员们向他们发出"信号通知单"，劝他们多施肥料，进行轮作，并强调土地不是个人的财产，而是全体人民的财富。

绝大多数情况下，庄员们对这样的建议是感谢的。当然也有的庄员对此不能正确看待，他们会气呼呼地对孩子们说，鸡蛋不应该来教育母鸡，说孩子们乳臭未干，等等。我们向少先队员们解释，说出这样话的人们还不懂得自己对社会的义务，我们应该耐心地听他们说完，然后再向人们宣传应该怎样生活和劳动。

养鱼之友小组负责保护和繁殖池塘里的鱼。夏季，孩子们参与喂养镜鲤鱼的鱼苗。根据共青团团委的安排，少先队员们要定期在池塘边上设置岗哨，以防偷捕鱼者。

养蜂之友小组的职责更为复杂多样。小组成员在荒地、林间空地上，在沟壑的斜坡上，在沟壑附近的沟沟里寻找土壤肥沃的地块，播种蜜源植物的种子，这样的植物有泛喜草、三叶草。孩子们严密监视环境，防止有人损坏森林中最宝贵的蜜源植物——椴树。所有的椴树都被登记造册。每年春天，孩子们都要小心翼翼地把椴树根部长出来的嫩芽挖出来，移植到村里的各个地方，尤其移植到学校的园地里。在向日葵和荞麦种植园里，孩子们分散放置了许多盛满水的小水盆，这是为蜜蜂设立的独特的饮水站。近年来，孩子们一直在与蜜蜂的敌人——黄蜂、白蝇、蜘蛛、胡蜂做斗争。

爱鸟之友小组的孩子们主要制作并悬挂椋鸟巢，给鸟儿配置饲料槽，保护鸟巢，他们是这些工作的组织者和积极参加者。冬季，少先队员们为鸟儿们安排了几十个食屋。从夏天起他们就开始收集西瓜子和南瓜子。为吸引到山雀，他们还专门准备了牛蒡子。凡是撒了烤熟的牛蒡子的地方，就能引来上百只山雀。

到了天寒地冻的艰难日子，连树枝上都挂着冰，爱鸟之友小组的成员需要去更换饲料槽中贮存的食物，清理掉树皮上的冰，以减轻啄木鸟的劳动强度。

爱花之友小组的孩子们都喜欢养花，精心照料学校园地里的花坛。我们普遍认为养花对道德教育非常有意义，我们尽力做到使每个学生都在自家房子边的园地里辟出一块地方做花坛，并在屋内养一些花。到了春天，爱花之友小组的孩子们就到集体农庄庄员家的院子去走访，告诉他们哪里最适宜开辟为花坛，应该种些什么花，告诉他们该如何照料这些花。

学期结束前的最后一天，少先队大队要举办鲜花节。孩子们把在自家里养的最好看的花带到学校里来。

爱花之友小组的孩子们并不害怕与那些不爱养花，对花毫无感情的人打交道。比如，有一个庄员家的窗户下面长满了杂草。对于孩子们说的开辟花坛的种种理由，这个庄员只是敷衍地一笑了之。于是，第二天清晨4点钟，孩子们就去了他家院子，在窗户下面开辟了一个花坛，而且还在房子的旁边插了一根木杆，木杆上钉了一块牌子，牌子上写道："叔叔、阿姨，请费心照料这些花儿。"这件事给这家人留下了深刻的印象。从此以后，所有的家庭成员都开始精心照料花草了。

春、夏、秋三季，少先队大队都要开展一次采集经济植物的竞赛。这些植物可用来制药、制革、制油、制纤维品等。参加竞赛的人要熟悉每种植物的外形，仔细观看它们的标本。采集植物的活动一般都分组进行，每组4—5人。这类活动不仅能带来无穷的乐趣，还能使那些缺乏毅力、组织纪律性差的学生养成诸如坚毅、耐心、果断等宝贵的道德品质。在大部分情况下，孩子们每次出动都能满载而归。全体少先队员都会从他们那里得知在哪儿生长着什么样的有益的经济植物。

还有一个业余小组叫作卫生岗哨，它的活动天地也很大。这个小组由七八个少先队员组成。经村苏维埃批准，卫生岗哨有权检查村民的院子。卫生岗哨的少先队员们还在村民中进行宣传讲解工作，告诉他们如何保存食物，如何饲养家畜。

不管少先队员们积极参加政治和经济生活的形式如何多种多样，但生产劳动始终是他们参加社会活动的中心。几年前，在学校中出现的由少先队员组成的高生产率劳动小队，是吸引孩子们参加劳动的形式之一。

起初，教师们都认为少先队员参与劳动的教育价值核心就在于这项劳动是集体性的。随着实践的深入，大家进一步明确了，只有把提高生产率并取得显著经济效益的劳动作为最终目标的劳动，儿童集体才能越来越巩固。

少先队小分队是与业余小组的工作紧密结合的产物。对某件事情的共同兴趣把一群孩子结合在一起，于是形成了这种少先队小分队的形式。小分队成员中既有来自同一班级的少先队员，也有来自不同班级的少先队员，还经常有一些十月儿童也成为小分队的成员。他们由于在少先队小分队中共同劳动而产生了共同的兴趣，这是他们之间能建立起友谊并使其得以巩固的基础。少先队小分队的劳动活动基地是学校的教学实验园地和集体农庄。每个小分队的劳动都与农庄的大田作业和畜牧业的某项工种紧密联系。当然，孩子们在选择工种时，我们总是挑选那些孩子们力所能及的，并且有机会让他们进行实验的劳动项目。近三年来，我们已经组成了养蚕、养兔、牲口饲养、蔬菜种植、玉米种植等小分队。

小分队工作中的许多事例说明，齐心协力去实现集体的目标，可以培养孩子们的责任感。

我们学校里有好几个蔬菜种植小分队，他们已工作了 15 年。小分队都由四至六年级的十三四个学生组成。每个小分队都能在农庄的菜园里分配到一块面积为 0.10—0.15 公顷的地块。与其他小分队的情况一样，能够激发孩子们劳动兴趣的，依然是提高劳动生产率，力争产出比农庄庄员多得多的物质成果。蔬菜种植小分队的试验田就在农庄的大片土地之中，孩子们是在农庄庄员的眼前劳动，这就越发提升了劳动在他们眼中的意义。

小分队与农庄的农艺师保持着密切联系。领导小分队工作的是少先队大队委和自然课教师。孩子们一般的日常劳动是在小队长带领下独立完成的，小队长除与其他少先队员一样劳动外，还要负责统计劳动情况的工作。

蔬菜种植小分队栽种什么蔬菜，比如种圆白菜、西红柿还是种马铃薯，都由孩子们自主决定。为了尽可能提高劳动生产率，他们从秋天起就开始积肥。要激发孩子对积肥这类平凡劳动的兴趣并不容易，少先队员们之所以能以高涨的热情完成这项工作，原因就在于这项劳动本身体现了鲜明的社会意义。

为西红柿和圆白菜育秧，把它们从温室中移栽到大田里并照料其成长，所有这些劳动与其说需要付出的是体力，不如说需要的是毅力、细心和技能。孩子们根据农艺师和自然课教师的建议，尝试采用各种方法使温室中的秧苗变得强壮。

整个小分队都参加了把秧苗从温室移栽到大田的工作。这是一项传统上由集体共同完成的农活。孩子们兴高采烈地对待这项工作，把它当作一种独特的劳动节。

每个蔬菜种植小分队都是一个团结而坚强的集体，在这个集体中洋溢着强烈的、深沉的同志式的互助情感，有着力争实现共同目标的一致追求。

高生产率劳动小分队在培养十月儿童加入少先队的工作中发挥了重要作用。通常在每个小分队周围都聚集着几个低年级孩子。各种各样的兴趣（共同的游戏、读书等）把这些小同学与大同学联系在一起。他们不知不觉地成了小分队活动的积极参与者。如果在与大同学的共同劳动中产生了共同的志趣，大队委就委派少先队员负责培养这些小同学加入少年列宁主义者组织。同时，少先队员也在小分队中为加入共青团做准备——完成团委委派的重要任务。

高生产率劳动小分队与各业余农业、技术小组有密切的工作联系，这使他们能顺利地达到共青团中央规定的少先队员应掌握的技能和技巧标准。小分队和业余小组中的劳动都具有高尚的社会目的，这有助于孩子们从掌握各阶段的技能技巧中看到道德尊严。因此，他们把培育出尽可能多的果树苗、粮食和经济作物的种子，学会驾驶各种农业机器和使用各种器械看作是十分光荣的事情。

实践证明，如果从孩子们刚开始学校生活起就吸引他们参加劳动，那么在每个阶段孩子们都有可能掌握比团中央规定的更复杂的技能技巧。例如，在第二阶段，我们的少先队员们就开始掌握操作台式车床和钻床，学习驾驶摩托车、操作固定式内燃发动机。在第三阶段，他们在高年级同学（九、十年级学生）的带领下，在技术小组里制作各种车床的模型，还学习驾驶汽车和管理学校的小发电站。

儿童在少先队组织中度过的岁月，不仅是他童年生活中最幸福的时期，也是他精神成长最有意义的时期之一。

九、共青团员的道德准则

共青团员要向他负责联络的、准备入团的少先队员讲解苏联列宁共产主义青年团的章程。但这种讲解并不仅仅是解读共青团章程中的各项条款，而是要涉及少先队员的全部生活和劳动。共青团员要教导少先队员应该如何劳动，如何履行自己对社会的义务，该如何要求自己和他人，以及面对不道德的行为时应该怎么应对，等等。几年来，我们的党组织、教师集体、共青团委所进行的全部教育工作帮助我们形成了一套独特的共青团员道德准则。小伙子们和姑娘们都努力遵循这套准则，因为它展现了共产主义社会的人们美好的道德面貌。每天在共青团员眼前展现的，被集体舆论公认为具有很高的思想性的具体行为，使这套准则更具有吸引力。

共青团员的道德准则渗透着年轻人对浪漫的追求，这是一种最纯洁、最高尚的浪漫。

"有共青团员工作的地方，任何人都不能不好好工作。共青团员绝不容忍无所事事和浪费。"这项要求的重要意义是由共青团组织的全部生活内容和方针所决定的，因为这个组织生活的主要组成部分就是社会公益劳动。

如果某一个劳动集体中有共青团员，而这个集体处于落后状态，那么这些共青团员就要为这种落后承担道义责任。这是我们的传统。

共青团员维克托担任轮班拖拉机手。他驾驶的拖拉机挂着两台播种机。在交班前很长时间种子就已经不够用了，播种机不得不停了下来。拖拉机停止工作了三个小时，运送种子的大车不知为什么就是不来。等到交班时，维克托把拖拉机交给另一名非团员拖拉机手后就回家了。这个拖拉机手接班后，继续等着运种子来。从形式上看，维克托是无可指责的，他的确一直守在自己的岗位上。但是，作为共青团员他是否尽了一切努力避免机组停止工作，不让宝贵的时间浪费掉呢？他是否感到了他还应对其他人的工作负有责任？在团内公开会议上，共青团员们提出了这些问题。经过了热烈的讨论后，共青团员们得出了一个结论：维克托的行为不像一个共青团员，他没有意识到自己对劳动集体的工作成绩所承担的责任，他没有采取任何措施去防止停工，对这项重要的工作就没上心。

"离放种子的地方总共只有三千米远，"共青团员薇拉愤愤地说，"半个小时就可以跑个来回。如果维克托没有忘记自己是个共青团员，他就可以委托年轻的播种员帮他看一下拖拉机，而自己去张罗一下运种子的事。"

会议最后决定给维克托以严重警告处分。这个决定强烈地震撼了年轻的共青团员们，再一次提醒他们每个人不仅要对自己负责，还要对整个集体的事务负责。

对正面的、积极的事例，我们也进行讨论，而且这样的讨论更多一些。

一次，斯捷潘负责运种子。夜里汽车发生了故障。斯捷潘不等天亮就去找机械师，拿到了备件，不到两个小时就修好了汽车，重新投入了工作。

共青团员们热情赞扬了斯捷潘的行为。

生产队和农场的负责人以及庄员们都认为，有共青团员工作的地方，懒汉、无赖都很难生存。共青团员们总是坦率地当面批评懒惰、懈怠、浪费等现象，力争在劳动过程中克服这些缺点。

有三名共青团员在泥瓦工小组劳动，工作是给农庄的粮库砌墙。泥瓦工们不好好工作：上班迟到，用于砌砖的泥浆搅拌得很不好。共青团员们还发现了几起偷窃建筑材料的事件。他们直接宣布，绝不允许偷窃农庄财产的事件再次发生。于是，在工程结束前再也没有发生偷窃事件。

要使年轻人接触生活中形形色色的现象，要求他们既能服从他人的意志，又能独立决策、自主选择，这虽然艰难，但却诚实而高尚。这一切在年轻人的道德面貌的形成过程中起着重要作用。

"共青团员从不需要别人监督他的劳动。他自己的良心就不允许他不好好地劳动。"要从少先队员刚表露出入团愿望起，就向他灌输这种思想。少先队员在为入团做准备期间，就应该在没有年长者在旁监督的情况下，独立自主地完成他所接受的任务。对于共青团员而言，这条准则就更为重要：重要是要让他为别人负责，而不是让别人为他负责。对人的道德力量的真正考验恰恰发生在他独处时，发生在当他的最高法官不是别人而是自己的良心时。我们尽力做到使共青团员尽可能多地遇到这种情况。因为在这种情况下往往能暴露出教育的缺陷，这是在集体劳动环境中我们想也不会想到的。人们有时会发现，一个学生在集体劳动时干得很好，而让他独自完成不太困难的任务时，却显得很没有意志力，缺乏克服困难的勇气和能力。

鉴于以上情况，学校请求农庄把掌握了驾驶拖拉机、联合收割机和车工、电机工等专业技能的青年人派到无人监督的项目上去工作一段时间。在这种条件下，个人责任感的问题就会显露无遗。

"共青团员应该坚持原则，不能对破坏共产主义道德规范的现象熟视无睹。社会利益就是共青团员个人的利益。不坚持原则是最严重的恶习，团组织对此绝不能妥协。"这条道德准则是通过对坚持原则与不坚持原则的行为进行讨论、比较，最后得出一种正确的集体共识的方式来贯彻落实的。对这些行为的讨论，通常都放在那些研究某个总的纲领性问题的共青团会议上进行。例如，曾经有一次讨论会，主题是："对于共青团员而言，共产主义理想高于一切。"小伙子和姑娘们饶有兴致地听报告。这个报告呈现了一些杰出的共产主义者——为了人民的事业英勇而战的勇士们的高尚风貌。一件件事例使共青团员们确信，任何拷问、任何折磨，都不能迫使共产党人背叛自己的立场。同学们明白了，拉佐、台尔曼、伏契克、贝劳

九、共青团员的道德准则

扬尼斯[①]以及其他许多英雄们之所以能够英勇无畏，其根源就在于他们对劳动人民的赤胆忠心。报告人还从苏联著名学者、实践家马利采夫的生平中列举了许多事例来证明共产党人是始终捍卫真理，面对任何困难也无所畏惧的。这个报告还列举了本校的优秀共青团员如何在复杂的生活环境中表现出高度原则性的事例，为面对困难不知所措的人指出了应对的办法。

报告引起了共青团员们的热烈讨论。小伙子和姑娘们坦率地剖析了自己的所作所为。例如，维克托说，播种时他亲眼看到一个庄员故意减少了播种量。虽然他知道这样做会给农庄带来危害，但他没吭声，因为他不好意思去公开揭发他亲眼看到的犯罪行为。对此，维克托在会上进行了自我批评。

团组织要求每个团员不仅要坚持无神论观点，还要在事关共青团荣誉的场合坚持原则。如果在一个共青团员的家里，父母都遵循宗教礼仪，而这个共青团员又无力去消除父母的偏见，那么他应该做到在举行宗教礼仪时自己无论如何不去参与。个别少先队员就因为这件事情而延误了入团。这些申请入团的少先队员后来坚持不懈地对家长进行无神论宣传，最终说服他们摘掉了挂在屋里的圣像。

经常有共青团员参加亲人葬礼上的宗教仪式。共青团集体对此

---

① 谢尔盖·拉佐（1894—1920），苏俄国内战争时期的英雄；恩斯特·台尔曼（1886—1944），德国国际工人运动杰出活动家；尤利乌斯·伏契克（1903—1943），捷克民族英雄，作家、文艺评论家，其最著名的著作是他在狱中写成的长篇特写《绞刑架下的报告》；尼科斯·贝劳扬尼斯（1915—1952），希腊民族英雄。——译者注

进行了分析，争论之后得出了一个结论：不管举行葬礼的是多么亲的亲人，共青团员都不应该与神父和教堂职员走在一起，不应该去听他们的祈祷和圣歌。

经过我校党组织和教师集体的努力，绝大多数共青团员在宣传无神论的工作中表现出很强的坚定性、原则性和顽强性。有些小伙子和姑娘遇到困难时不仅毫不退缩，而是以极大的忘我精神与因循守旧、愚昧落后、迷信偏见进行斗争。

一次，一个同学的父亲去世了。他的母亲原本是一个虔诚的教徒，此时更表现出对宗教的狂热。她禁止三个儿子参加任何课外活动，还每天带他们去教堂，强迫他们做晚祷告。她严厉禁止大儿子申请入团。但是这个少年违背了母亲的意愿，他向团组织递交了申请书。为了不惹恼母亲，他向她隐瞒了这件事，但是母亲还是知道了。当这个少年应该去共青团区委的那一天，她强行把他留在了家里。她不仅锁上了房门，还把衣服藏了起来。可是小伙子最终还是设法从家里脱身，按时赶到了团区委。母亲跟踪而去，企图把他拉回家。学校和团区委都出面保护这个少年，向母亲解释她无权干涉儿子的社会生活。

母亲被迫暂时退却，她把注意力集中在两个小儿子（两个少先队员）身上。大儿子安德烈接受了组织的委托，着手培养自己的两个弟弟入团，但是母亲千方百计地予以阻挠。然而少先队大队的生活比母亲的那些说教更有趣，内容更丰富。两个弟弟弗拉基米尔和格奥尔吉也加入了共青团。

三个共青团员儿子开始努力使母亲不再有迷信偏见。这似乎是个不可能完成的任务。母亲的宗教狂热有时候近似于暴戾。三个共青团员开始对母亲进行无神论宣传，他们一步一步地、不知不觉地、成功地通过亲情来劝说母亲。母亲喜欢儿子们读书给她听。他们除了读文学作品，有时候也读一些批判迷信偏见的书。这些故事使这个母亲第一次思考她的所谓信仰。在三年的时间里，小伙子们给她读了弗兰克、雨果、托尔斯泰等著名作家写的揭露教会和神职人员虚伪的小说。有时候母亲责备孩子们，说他们读这些书是犯下了大罪。但随后她又会主动要求孩子们继续朗读。

对于这个长期有迷信思想的妇女而言，失去了信仰无异于一场真正的灾难。她经受了无比的痛苦，才慢慢建立起新的信念。给这个母亲留下强烈印象的是儿子们逐字逐句复述给她听的一位老游击队员的故事，故事讲述了国内战争时期村里的神职人员所起的可耻的叛徒作用。

可以直接触动母亲的思想意识和情感的时刻终于来到了。二儿子（当时大儿子已经上大学了）直截了当地向母亲揭露了迷信活动中的不道德行为，而母亲居然没有对此表示任何反对意见。因为她已经懂得，世界上许多恐怖的恶行都是以上帝的名义干的，而宗教狂热分子却向劳动人民掩盖了真相。

母亲变得十分忧郁，她在默默沉思。她继续习惯性地去教堂。但是以前伴随着宗教仪式出现的那种极度兴奋消失了，去教堂的次数也变得越来越少了。最终，这个妇女就再也不去教堂了。她把圣像从墙上摘了下来，把它们送给了一个信教的女邻居。她对庄员们说："我最美好的年轻岁月都是在黑暗中度过的。我曾那样真诚地相信上帝。是孩子们给我打开了眼界，让我认识了世界，我真感谢孩子们。"

村里有一位领取特种退休金的老游击队员，他本来平静地在村里过着自己的晚年生活，但被神职人员拉进了宗教的圈子。从此，老人家开始积极地去教堂。一次，教会的长老说漏了嘴，透露了神父把老人家拉进教徒圈子中的主要目的是要等老人家去世后，给他举行一个地道的宗教葬礼，使这位当过游击队员的有功之臣的葬礼变成一种独特的宗教示威，从而把更多新的教徒，尤其是年轻人中新的教徒吸引到教堂来。共青团员们决心通过启发来提升这位老游击队员的觉悟。他的邻居——两个女共青团员开始与老人家交朋友。姑娘们给老人家读文艺小说，她们挑选的著作都揭露了在革命和国内战争年代神职人员所起的反革命作用。由于视力不好，老人家几年前就已不再读书了，这些作品中鲜明的艺术形象对老人家产生了巨大的影响。扎克鲁特金的小说《世界的创造》真实地反映了宗教所起的阴险的腐蚀作用，对老人的震动很大。老游击队员断然地拒绝了去教堂，并且收回了在此前口述的按宗教仪式举行葬礼的遗嘱。他请求共青团员们在他去世后像共产主义战士那样安葬他。这个遗嘱后来执行了，神职人员显示宗教力量的企图落空了。

共青团员们特别注意防止宗教的毒素侵蚀儿童的心灵。众所周知，儿童尤其是学龄前儿童对于随自己信教的父母一起去教堂这件事很感兴趣。共青团员们决心让孩子们远离教堂并建立了儿童俱乐部。儿童俱乐部主要在星期日开放。共青团员们去那些家长有带孩子去教堂习惯的家庭，建议家长把孩子留给他们照顾。大部分家长

九、共青团员的道德准则

都乐意采纳这个建议。而现在情况更乐观了，因为孩子们自己争着要去儿童俱乐部：那里很有趣，让人很开心。如此行事就成功地防止了神职人员去蒙蔽年幼的孩子。

"共青团员有义务通过自己的劳动为家庭的收入做出力所能及的贡献。共青团员不得擅自花费自己劳动挣得的哪怕1戈比。"这条准则来自学校的劳动教育：学生时代的劳动是正确实施思想教育的决定性条件。通过劳动和劳动所挣得的报酬，学生们认识到，自己微薄的收入，抵不上他们从父母那里实际索取的十分之一。我们随时随地都向共青团员们传递这种思想认识。每次暑假之后，共青团员们都要做个统计，他们赚取了多少钱和物，交给了家里多少。擅自花钱被认为是不道德、不被允许的行为。这条规则适用于所有的学生。

最后，还有一条准则："共青团员应该十分关心和尊重女孩子们。共青团员不得说下流话，不准喝酒。"

我们的共青团员一贯遵循长期以来形成的一整套道德准则。这样做的结果，既丰富了小伙子和姑娘们的精神世界，同时也提高了共产主义思想在他们心目中的地位。

十、精心呵护滋养学生道德尊严的根

教师常常会意外地获得喜讯：他们过去的某个在学校时默默无闻的学生，工作后成了优秀的先进生产者、革新能手，在劳动中表现出了忘我精神。有时候还常有这样的情况：某些在校期间因懒惰、破坏纪律及其他坏毛病而令教师无比头疼的孩子，走上生产岗位后却表现出很鲜明的优点——真正地热爱劳动，遵守纪律，随时都能无私地去帮助同志。

这种情况其实早就引起了我们的警觉。它提示我们，在学校教育中某种重要的东西被忽略了，没被考虑到乃至被遗忘掉了。

比如，我们和维克托朝夕相处了七年。七年中所有的教师一说起这个学生，就如同在谈论一个十分讨厌、无可救药、令人气愤的人。他从来不完成家庭作业，逃学旷课，没有任何兴趣爱好。尤其是语文教师，经常抱怨维克托一写字就出错，甚至连抄书都不想抄对。教师们费了九牛二虎之力，想让维克托达到教学大纲规定的最低要求，哪怕得个3分。后来，这孩子总算是勉勉强强读完了七年级后毕业离校了。教师们在终于能松了一口气的同时，又开始为他今后的生活担忧。不过，仅仅过去了两周，传到教师们耳朵里的第一个消息就足够令人吃惊：维克托到亚历山德里亚市的一个住宅建筑工地去当泥瓦学徒工了。又过了一个月，我们得知，那个过去屡教不改、令人气愤的学生，不仅在建筑工地上已经能独立工作，还评上了挺高的等级。工长不止一次当着全体工人的面表扬维克托不仅工作细致，还能苦干加巧干地完成劳动任务。

一年后，维克托已经成为一名优秀的建筑工人并多次在工地快报上受到表扬。他成了最富有劳动经验的工人之一，工长总是把最重要的任务委派给他。又过了一年，维克托已经开始向青年人传授自己的技艺了，不少小伙子和姑娘争先恐后地想向这位虽然年轻但经验丰富的工人拜师学艺。许多优秀的老师傅都证明维克托不仅能砌一般的墙，而且能砌外观好看的镂空砖墙。他们认为，维克托在工作中找到了真正的乐趣。除了泥瓦工，维克托还在学木工，他制成的漂亮的木制品让人百看不厌……维克托取得的成绩越大，教师们就越感到困惑。维克多一路走来的经历，是对他学生时代受到训斥和惩罚的活生生的谴责。

在学校里默默无闻的、"中游的"、不好不坏的学生，参加工作之后却在某一方面表现得很突出，独具一格，类似的例子每位教师都能举出几个来。

问题不在于解释产生这种现象的原因，而首先在于使这种意外现象服从于合乎规律的、有明确目标的教育过程。我们认为，许多

十、精心呵护滋养学生道德尊严的根

学校在教育过程中存在的问题之一，就是教师在几年的学校教育教学过程中没有能够发现每个学生独特的才能和潜力，而恰恰是这些东西构成了他们将来取得成绩的最重要的前提条件，是鼓舞他们进行创造性劳动的根源。每个孩子都有他自己在某一方面的积极性，都有某种特殊的禀赋、某些自然的素质和某方面的倾向性。这些东西都应该得到发展，要为学生创造条件，使他身上最优秀的东西得到最鲜明、最充分的施展。每个孩子身上都有滋养其道德尊严的许多"根"。对这些"根"应该倍加珍惜和保护。

我们学校里有个叫阿纳托利的学生，他的文学课成绩一直不好。几年来，我一直努力帮助他摆脱这种状况。但这个少年却一心迷恋无线电技术，能独立设计各种无线电。大家都认为这妨碍了他学习知识，可是他对大家的批评置若罔闻，并对文学课取得及格成绩不抱任何希望。为了寻找更能表现自己的活动，他越发着迷于无线电技术，他竟独立建成了一个收发站，并与许多短波无线电爱好者建立了联系。他勉勉强强地读完中学后，在集体农庄的无线电转播站工作了一年，后来考入电工技术学院无线电系。读一年级时他就表现出了非凡的才能，现在已经成为无线电系的骄傲，学校对他寄予了很高的期望。

类似的例子很多，它们都证明了必须细致地、全面地观察并研究每个学生，找到其身上的"根"，从而让他们在中学的围墙内就插上飞翔的翅膀。

多年的经验可以归纳为一个结论：儿童往往通过自己取得的成绩，在能更鲜明地表现自己和展示自己精神力量的活动中，汲取克服自己薄弱方面（其中包括某门学科不及格）的道德力量。我们认为，教师的任务首先就是要发现每个学生身上所有好的方面，并促进这些方面的发展，而不要用学校大纲的框框去限制它们，要鼓励学生独立地、创造性地工作。在实现这项任务的过程中，少先队和共青团组织发挥着重要作用。我们多次谈到的独立工作的能力，要与每个少先队员和共青团员的爱好、精神方面的兴趣和需求相一致。

学生身上的优良品质首先是在符合其先天素质、爱好、能力的劳动过程中得到发展的。

我校有许多技术和农业生产课外小组，为学生积极开展种类多样的活动提供了充分的物质条件，这是发现每个学生优点的重要前提条件。

萨尼娅在班里很不起眼：她没有什么突出的方面，对什么都没有表现出特殊的兴趣。她对所有的学科都同样努力，但在这种努力中所表现出的冷漠也同样令人吃惊。她从不想扩大知识面，从不想越大纲雷池一步。对萨妮娅来说，学校课程中没有一门她喜欢的学科，也没有一个她喜欢的教师。对于这个学习良好、成绩稳定的女孩，似乎没有理由要为她的命运担忧。但是危险恰恰就隐藏在这种一切都好之中。正是这样中等的、认真的、努力的学生，会变成对一切都无动于衷的人，他们在校学习时最主要的愿望是无论如何要得个3分或4分，参加工作独立生活后最主要的愿望就是好歹要能完成工作任务。正是这样的学生使我们极为不安。应该激发、唤醒他们的特殊禀赋，我重复一遍，每个学生身上都有这样的禀赋，需要的仅仅是在他们眼前展现一片广阔无垠的劳动天地。

于是我们就从五年级开始着手这项工作。我们开始吸引萨尼娅积极参加各种课外小组的活动，但经过很长一段时间，教师都未能取得任何成效。萨尼娅对待各种活动就像对待各门功课那样，看上去很努力，但实际上提不起劲来。她对哪种活动也不表现出特殊的爱好。最后，自然课教师终于让萨尼娅对一种活动产生了兴趣。入冬后，孩子们要把剪去了树干的果树苗的根部保护起来。教师告诉萨尼娅将来如何把果树嫁接到这些根上。

"难道它们还能长起来？"萨尼娅吃惊地问。

"当然能。"教师回答道。于是教师就把移根嫁接的工作交给了这个女孩子。萨尼娅迷上了这项工作，几乎每天都去果园。教师引导萨尼娅参加了一项又一项新的研究工作。课外小组的组员们在一块不大的地里播下了豌豆和燕麦混合在一起的种子。教师解释说，这样的混合播种将使两种作物的产量都能提高，还可以通过不同种类的养分物质使土壤增肥。最终，饶有兴趣的集体劳动唤醒了萨尼娅。萨尼娅成为少年农艺师小组最积极的成员之一。她兴致勃勃地进行各项实验。例如，将不同品种的西红柿进行杂交，把冬小麦嫁接到黑麦上，等等。小姑娘还采纳了教师的建议，在自家房子旁边的园地上开辟了一块试验田，开始培育果树幼苗，自然尤其是植物学逐渐成为萨尼娅喜爱的学科之一。她对有关植物生长的书籍爱不释手。

到了八、九、十年级时，萨尼娅成了培育高产玉米共青团小分队的一名积极成员，在农场分配给该小队的一块土地上进行试验。学生们采用先进的方法精耕细作，每年都获得高产。萨尼娅则每年都兴致不减地挑选最好的玉米做种子，妥善保存它们并为试验田积肥。

随着萨尼娅对劳动兴趣的增强和取得的物质成果的增多，她在精神面貌上的变化也越来越明显了。她从一个默默无闻的、对一切漠不关心的姑娘变成一个积极的姑娘，当事关集体利益时，一切喜事和愁事，她都牵挂在心，表现出真正的忘我精神。十年级毕业后，她在集体农庄工作了一年，然后考入了农业学院。我们确信，她一定会成为一个能从事创造性劳动的人。

每个儿童都有自己的才能和潜力，都有自己的弱点和长处，都有个人的兴趣和目标。而这一切都要受个人先天素质的制约，都要在做出成绩的过程中得到巩固，都要通过积极参加社会生活而被认识到。学校和少先队、共青团组织的任务就是要竭尽全力地巩固学生身上这些个人所特有的长处，使每个学生的精神生活丰富起来并充满生机，使每个学生都能从事他所热爱的劳动。

让孩子从童年起就找到一种他特别喜欢的劳动，让他更清楚地了解自己的才能和潜力，这是为他们将来走向劳动生活，能自由、自觉地选择生活道路做好充分准备的重要条件。

我们力争使每个学生在少年时期就在某种劳动活动中掌握一定的技能并达到必要的熟练程度，同时使他意识到这种活动就是他所喜爱的。一个孩子如果在学生时代就找到了自我，他就能勇敢地、自觉地、满怀信心地走向生活。

让孩子逐渐地喜欢上某种具体劳动，有助于培养他的道德情操，扩大其兴趣范围，并对自己的能力充满信心。久而久之，他们对献身自己所热爱的劳动的决心就会逐步形成并巩固下来。

尼古拉长期以来对任何持续性的劳动都不感兴趣。我们试图吸引他参加少年自然科学研究小组，但没有成功。这个男孩能勤勤恳恳地完成教师交给他的一切工作，但是他对工作的成果并不关心。比如，栽完一棵果树后，尼古拉也照料它，但并不打算努力把这项工作完成得比其他同学更好些。

尼古拉还参加了木工小组，学会了用手锯锯木头，还掌握了其他一些技能技巧。但是木工活同样引不起他真正的兴趣，既没能鼓舞他去克服困难，又没能唤醒他处于沉睡中的更好地掌握技能技巧的愿望。

后来，尼古拉终于对技术产生了兴趣：所有与机器、模型制作、工程设计、金属加工等有关的事情，起初是引起他儿童式的好奇，然后是引起了他积极的兴趣。我们经常看到他出现在那些当时正研究摩托车、内燃机的少先队员身边。

除了技术，再也没有其他任何东西能引起尼古拉的兴趣。我们并没有再尝试用各种各样的活动去分散尼古拉的兴趣和精力，而是尽量加深他对技术的浓厚兴趣。学校中最受学生欢迎的是少年机器制造小组。任何学生，即使是一年级的小学生，都可以参加这个小组。尼古拉逐渐成为这个小组的积极的一员……他参与了当时由年龄最大的组员完成的一项工作——制作起重机模型。作为新组员，他被分配干一些次要的、辅助的工作，如打磨金属片、剪金属丝、剪铁圈，但他并不介意。无论多么单调的工作，都能让尼古拉兴奋万分。他自豪地说，他打算自己做一个能活动的、带电磁铁的起重机模型。

就这样，尼古拉在热衷于这种新的劳动中读完了四年级，升入了五年级。制作起重机模型的工作结束后，他又开始了一项新的工作——设计直流发电机模型。尼古拉没学过电工学，因而知识不够用。想参加这项工作的热切愿望给了这个男孩克服困难的力量，他全神贯注地聆听高年级同学讲解电动机的构造，仔细地观察有经验的组员如何工作。他暗暗下决心，要在家里做一个能工作的小型发电机模型。于是，说干就干，原本应该在车床上干的活儿，尼古拉借助于锉刀用手工就完成了。为了做好叶轮的线圈，他多次在课外小组里进行操练。

最后直流发电机终于做成了。尼古拉把自己的作品带到学校。小组长发现，尼古拉的活儿干得干净利落，很像样。

"你将来会成为一个好技师的。"小组长当着全体组员的面夸奖了尼古拉。甚至高年级的同学以及更有经验的组员也很欣赏这个五年级学生的作品。所有的金属部件都磨得很光亮，木制的台架上还涂上了一层清漆。

最可贵的是，尼古拉在这项工作中表现出了独立性和顽强精神，他独自解决了一系列就他的能力来说相当复杂的技术问题。

可以毫不夸张地说，独立制作发电机模型这件事影响了尼古拉一生的命运。当尼古拉上六年级时，他身边围着一群对技术产生兴趣的低年级的少先队员，他们是三、四、五年级的学生。尼古拉很乐意与他们分享自己在技术方面的心得，在他的指导下，孩子们制作了一台交流发电机模型，并用它来启动拖拉机模型。

尼古拉对于技术，尤其是对于金属加工的喜爱变得越来越专注。渐渐地，他在自己家里建成了一个工作角，在那里可以进行各种金属加工，备有钳子、凿子、锉刀、剪刀、钻头等工具。

在尼古拉的精神生活中，对心爱的劳动的浓厚兴趣占据了重要位置。他对每一次的成功和失败都非常上心。尼古拉的个人利益与集体的利益紧密地交织在一起，因为大部分工作是他与同学们一起完成的。当课外小组中有什么不顺利时，他也不能安心。他经常在课后留在工作室里，耐心地指导低年级同学如何完成某道困难的工序。

尼古拉读七年级的时候已是少年机器制造小组最积极的组员之一。他与组员们一起制作了好几种农机活动模型，如播种机、电动拖拉机、联合收割机等。在进行这项工作的过程中，小组还吸收了十多个低年级学生。

他在八年级时开始学习钳工—电气装配工的专业技术。他与另外三个擅长技术的同学，被分配给一位有经验的电器钳工当学徒。

我们认为，让学生拥有学习技艺、追求精益求精的愿望是十分有意义的，因此不断分配给他一个又一个任务。完成这些劳动任务不仅需要耐心、细致、专心，还要具有创造力。到了九年级时，尼古拉全身心地投入制作一台供家庭用的简便小车床的劳动中。这样的小车床是许多学生梦寐以求的。教尼古拉和同学们技术的电器钳工只提供了一张草图，同时指出小车床的结构有许多可以改进，包括简化和优化的地方。

通过制作车床的工作，尼古拉更加自觉地要求自己掌握精湛完善的技术。九年级结束那一年的暑假，尼古拉在维修拖拉机和其他农机的生产队里劳动。年轻人学会了熟练操作车床和钻床，掌握了电焊和锻工的一系列技能技巧，学会了驾驶拖拉机和汽车。在生产队里他总是干那些需要一定的发明才能，需要开动脑筋和具有创造精神的，最复杂、最艰巨的工作。

在学校的最后一年，尼古拉下定决心要当一名熟练的技术工人。他在展望未来时说，与机器、金属打交道给他带来极大的满足和快乐，也坚定了他对自己能力的信心。从学校毕业后，尼古拉成了机械车间的一名钳工。这位年轻的工人从一开始劳动起就表现出许多优点：满腔热情地对待劳动，工作细致认真，在劳动过程中追求精益求精。这一切都是尼古拉长期以来热爱这项劳动的结晶。

无论劳动是多么平凡和简单，其中永远包含着能充实精神生活的取之不尽的因素。只有在自己热爱的劳动中发掘出自己精神力量的人，才能坚定地、信心十足地走向生活。

十一、如何对待学校未能教育好的人

当你亲眼看到一个七岁的孩子长大成为一个道德成熟的成年人，并从他开始自己劳动生涯之初就表现出诚实、认真负责的劳动者品行时，你会有极大的道德满足感，也会因我们所从事的艰巨、高尚的教育工作而备受鼓舞。但如果一个少年或青年离开学校时还没能为生活做好准备，他懒惰、不诚实，甚至还做了坏事、犯了罪，那么你一定会感到十分痛心，一定会想到你对社会，对这个你曾掌握过他命运的人没有尽到义务。

尽管我们的教师集体竭尽全力工作，但难免会有上述这种情感体验：个别学生走出学校时没有为生活做好准备，更严重的是，这些人的行为和不诚实的劳动态度，还会对我们的在校学生、已经毕业的学生以及所有的青年产生不良影响。虽然那些难教的学生已经离开了学校，不再是我们的学生了，但这并没有让我们感到轻松，反而让我们更为他们的前途担忧。近10年内，共有12名这样的男生女生走出了我们的学校。他们主要是在六至九年级期间辍学的16—17岁的青少年。学校没能把他们教育好，主要问题出在思想教育方面，因为在知识学习方面，他们中的大多数人都是及格的，其中只有两个人没读完七年级。

这些学生离开学校后的生活和劳动表现年复一年地提醒我们，学校对自己学生所承担的道义上的责任并不终止于他们不再是本校学生的那一刻。这里举几个例子：

安德烈的父母一辈子都没干过什么对社会有益的工作，这对他们的儿子产生了极坏的影响。更为严重的是，安德烈上三、四年级时，就被父母教唆去偷窃公共财物。这个男孩在学校里也有偷窃行为，我们派了教师专门对他进行监督。此外，班里还专门为他组织了表彰诚实、正直和热爱劳动等行为的互助组。有一段时间，安德烈也投入到火热的集体生活中，积极参与社会公益劳动，但是一回到家，他在学校所取得的一切成果全部毁于一旦。安德烈15岁读完七年级后就辍学了。我们努力说服了安德烈到集体农庄去工作，让他跟着认真负责、诚实可信的农庄社员们一起干活。但后来，他的父母强迫他去森林盗伐树木。偷窃得手后，这个少年就开始到处游荡，再也不去农庄工作了。暑假期间，他与一群五至七年级的学生交上了朋友。毫无疑问，他对这些学生产生了恶劣的影响，通常我们把这种坏影响称为"恶劣的周围环境影响""大街上的影响""狐朋狗友的影响"等。

另一个叫弗拉季斯拉夫的孩子，从小就没有父亲。他的母亲不但不对儿子提出任何应有的要求，反而干扰学校对他的教育。学校一直致力于教育弗拉季斯拉夫要热爱劳动、要诚实、有集体主义精神，但他的母亲使这一切设想化为乌有。学校尽了最大的努力才使弗拉季斯拉夫好歹读完了七年级。后来这个16岁的少年就进了技工学校，两个月后，终因成天游手好闲被开除了。后来他又到集体农庄工作，但同样不能踏踏实实地干活。于是，他能与安德烈交上朋友也就不足为奇了。问题在于，如果再有两三个小伙子也像弗拉季斯拉夫和安德烈一样，开始独立生活时就这样处处工作不下去，那么一定会在村子里造成一种恶劣的社会影响，这不仅会威胁到这些年轻人的未来，还会对学校正常的教育教学工作构成威胁。

我们很难保证将来从学校中不再走出这样的个别生，这种没有教育好的学生无疑会加剧对学校氛围的不良影响，把周围环境搞得更糟糕。学校已开始领教他们所能造成的致命影响。于是，一个严肃的问题摆在我们面前：怎样才能使我们的学生免受周围不良环境的影响？是否有某种方式能把我们的学生与那些可能造成恶劣影响的青年隔离开来？但是，这种想法是不正确的，也是根本做不到的。

经过讨论，全校教师一致认为：可以容忍某个学生完不成学业，没掌握好必须掌握的知识，但绝不允许有没教育好的男女青年离开学校走向生活，对他们的思想教育必须完成。下面谈谈如何展开这项绝对必要的教育工作的具体方法。

6年前，我们邀请前面提到过的9位青年返校交流，和他们进行了坦诚的交谈。谈话后，其中几个昔日的学生承认，他们也遭受了良心的谴责与心理磨难，并希望能重新开始，生活得好一些，但苦于不知道究竟该怎么办。个别青年认为自己的境况无伤大雅，但也不否认应该找份工作。

为此，学校向他们伸出了援手，给他们提供条件，在学校的教学工厂中成立了一个学习制作家具的木工组，目的是让他们每个人都能掌握木工的专业技能，能在有经验的老师傅指导下工作。这几个青年都痛快地接受了学校提议的帮助，进木工组当了学徒。

我们为这项工作赋予的重要教育意义在于，让他们通过参加生产劳动能掌握一技之长，能看到并感受到自己的劳动成果，并积极地参与学校的生活。而要把这些不守纪律、吊儿郎当的人组织成一个劳动集体，确实需要付出极大的努力。面对这些再次成为受教育者的青年，我们提出的第一个要求就是要爱护工具和设备。他们使用的工具是学校为五至七年级学生购置的，因此他们更有必要对工具加倍爱护。

对曾经不可救药的学生进行有效教育的最重要前提条件，是要让他们融入学校集体中。每天到学校教学工厂参加劳动的不仅有五至七年级学生，还有教师、家长以及校外各方面的代表。在学校里教师们习惯把这批青年称为"我们的木匠"。当他们刚一学会做像样的家具时，他们的作品马上就成了一至四年级甚至五至七年级学生关注的焦点。"我们的木匠"自然想把每一件工作都尽量做得更好。教师们也千方百计地鼓励他们这种力求上进的精神，强化他们作为劳动者对自己技艺的自豪感。

而为这些年轻劳动者带来巨大精神满足的是，他们每个人都拥有了朋友——希望向他们拜师学艺的学生们。逐渐地，出现了更多的小组，而这些小组的负责人正是昔日的破坏纪律的捣蛋分子们。

要让那些不习惯从事有规律的劳动的年轻人养成持之以恒的热爱劳动的品质,尤其是掌握一门技术,是很不容易的。在对他们进行教育的过程中,尤其是在最初几周内,也出现过一些不尽如人意的事情。

米哈伊尔和弗拉基米尔两个人最初对要学习掌握一门专长都不感兴趣,于是负责木工的教师定了这样一条规定:凡是不愿意劳动的人都不得参加集体性的任务,而只能单独接受某项任务,直到他能用自己认真的劳动态度来证明他今后准备和大家一起劳动为止。教师对于米哈伊尔和弗拉基米尔就执行了上述规定。当时整个木工组正在做木门。而这两个懒散的青年被安排去给幼儿园做小板凳。这项工作不仅需要付出很大努力,还需要认真细致,没有集体的帮助,这两个小青年是很难独立完成的。于是,他们主动请求教师允许他们参加集体的劳动,并请求集体帮助他们完成做小板凳的任务。

就这样,我们经常用具体生动的实例告诉每个受教育者必须依靠集体,仅凭个人是不可能出色完成任务的。米哈伊尔和弗拉基米尔顺利地结束了学徒期,走上了独立工作的道路。他们现在当了木工,他们的作品,尤其是家具,经常能赢得很高的评价。

在上述工作及其所取得的成果中,我们首先看重的是教育的目的性:学校务必要深入到生活中去,积极主动地对不良环境施加影响,因为不良环境的致命影响有时恰恰是导致学校思想教育失误的最重要原因之一。

今天,普通教育已经普及,每一个人在青少年时期都要接受学校的教育。凡是由于某种特殊原因不能在学校完成中等教育的人，其青少年阶段的道德品质教育则必须在学校完成，一直到他们在道德上达到完全成熟为止。这样做对于社会和学校都是十分必要的。当我们通过学校把由于各种各样原因辍学的人都吸引回来时，就不会再出现那种不良的环境。无论事实多么令人无奈，我们也不得不承认，那种令人生畏的不良环境之所以能形成，我们的学校也或多或少起了推波助澜的作用。

十二、学校要对毕业生的命运负责

在学校学习的最后几年,对每个学生的能力、潜力、才能和倾向性都具有决定性影响。学生的道德尊严可以在他所选择的自己喜爱的、合乎心意的劳动之中得到彰显。长时间从事某种具体的劳动,不仅可以巩固实际操作的技能技巧,还能磨砺精神。

实践证明,无论学生在校期间接受的教育内容多么丰富、多么有针对性,学校教育也不能随着中学毕业证书的颁发而终止。从学习生活转到劳动岗位,这是小伙子和姑娘们在人生道路上迈出的相当关键的一步。因此,在他们参加劳动后的最初阶段里,对他们进行思想教育工作才具有头等重要的意义。这是我们在分析了年轻人走出校门后所遇到的困难之后得出的结论。

我们学校有三个女生,中学毕业后进入集体农庄的畜牧场工作。可是刚过了几个星期,她们就开始对劳动生活中的某些问题表达不满。她们的意见就其本质来说,可以归纳如下:

劳动对我们而言并不可怕。在学生年代，有一段时期我们完成的工作要比现在的劳动繁重得多。与上学时相比，我们现在有了更多自由支配的时间。但糟糕的是，自从我们开始了劳动生涯，那些曾在学生时代丰富多彩的一切就都没影了，我们被剥夺了多姿多彩的、富有生趣的生活。在学校时，我们除了劳动，还有许多洋溢着创造性的晚会、读书会和引人入胜的辩论会，我们可以就有趣的书籍与朋友们畅聊，还可以展出我们的作品，出各种手抄杂志，集体讨论看过的电影，以及进行其他各种各样的课外小组活动。但是，现在这一切都没有了，生活变得贫乏而单调。正因为如此，工作常让我们感到是个负担。请还给我们所有那些东西，请把我们的集体还给我们，如果那样的话，即使我们的劳动再艰苦百倍，也没什么可怕的。

类似的话我们也从在大田生产队和拖拉机队工作的年轻人那里听到过。让学校毕业生们最焦灼的，就是他们的精神生活水平随着劳动生涯的开始而降低了。

因此我们决定，在我们能力和条件允许的范围内，尽量不停止对毕业生进行思想教育。生活实践创造出一种新的工作形式：建立由毕业生组成的劳动集体，学校与他们建立日常的联系，并吸引已开始参加工作的年轻人积极参与到学校尤其是共青团组织的生活中来。

我们采取这种工作形式的出发点，是因为在这种主要由中学毕业生组成的劳动集体中，更有条件进一步培养和巩固年轻人的优秀道德品质。而对于未受过中等教育的劳动者来说，这样的劳动集体也拥有巨大的教育影响力。

按照我们的设计，这些由中学毕业生组成的劳动集体，应该成为培养新的共产主义劳动态度、提高劳动文明程度的主要基地。

这种由毕业生组成的劳动集体是从1952年夏天开始创建的。在党组织和各社会团体的协助下，我们创造了各种条件，使毕业生能成组地在一起劳动，而联系他们之间的纽带，不仅是共同的劳动兴趣，而且还有其他一些精神方面的志同道合的因素。就这样，学校做到了至少在他们毕业后的三年内仍能继续对他们施加教育影响。

下面是其中的一个集体的创建过程。

有一群女生在毕业前的两年曾在养牛场进行教学生产实习。临近毕业时，这些共青团员表示愿意去畜牧场工作。集体农庄党组织帮助她们建立了一个不大的劳动集体。在团员会议上，姑娘们表示一定要提高畜牧场的劳动生产率。共青团组织也承诺将帮助自己的同志。

五名女共青团员迈出了她们独立劳动生活的第一步。可是一开始她们就遇到了不少困难。她们打算把自己的劳动场所搞得干干净净、秩序井然，但是这个愿望起初非但没有得到支持，反而遭到了个别庄员的冷嘲热讽。更严重的困难是，为了履行好自己的职责，她们就必须储备足够的饲料，尤其是青饲料。

姑娘们不仅把自己的全部困难报告给了农庄管委会，也报告给了母校的共青团员和教师们。这几个年轻人的劳动成绩以及她们精神状态的好坏，直接关系到此刻还在学校接受教育的数十名年轻姑娘和小伙子如何做好劳动准备，如何顺利地走向劳动生活的问题。

因此，教师集体和共青团组织都竭尽全力帮助畜牧场做好过冬准备，保证畜牧场储备足够的饲料。于是，学校全体共青团员和少先队员响应年轻饲养员的号召，纷纷参加为畜牧场储备青饲料的星期日义务劳动。学校集体的帮助，使姑娘们备受鼓舞，大家也都更积极坚定地投入了工作中。

这些年轻劳动者与学校集体的联系日益紧密。后来有些劳动项目就由双方共同完成。例如，根据年轻饲养员的请求，共青团员们参与了畜牧场的电气化和某些重体力工作流程的机械化，以及改善牲口棚设施和整个畜牧场劳动条件的工作。

当饲养员姑娘们出色完成预定工作目标的好消息传来时，学校的全体共青团员和少先队员都感到非常的兴奋和自豪。

经常与年轻劳动者们交往，对在校学生尤其是对那些已经自觉地选择了自己未来劳动道路的学生们都产生了重要影响。

一年后，这个由共青团员组成的生产队又补充了两名毕业生。同时，一个姑娘工作了一年后考上了大学，另外两个姑娘在工作两年后也考入了大学。接替她们位置的是三名新来的毕业生。

这种不断更新的情况在其他劳动集体中也都存在。尽管每年都有一部分年轻的劳动者进入高等学校和短训班学习，但这些集体并非临时性的。它们也在一年一年地发展壮大。以培养道德成熟、热爱劳动、诚实正直的人为目的的教育工作，始终在这些集体中持续着。

年复一年，学校教师和团组织越发坚信，在由以往毕业生组成的劳动集体中，可以继续完成培养优秀道德品质的复杂而艰巨的任务。每一个青年劳动集体都在形成自己的传统并不断将其巩固。其中一个最重要的传统就是竭尽全力维护母校的荣誉，用自己的劳动回报教师、同学、共青团员们的信任。为了维护母校的荣誉，这些曾经的学生努力使自己所在集体中劳动的文明水平保持在较高层次。所有由往届毕业生组成的劳动集体的生产率都大大地高于其他劳动集体。无论他们所从事的劳动多么简单、多么平凡，这些受过中等教育的年轻庄员们永远都能为劳动注入创造活力。这也使得他们身上的优秀品质能够发扬光大，这些品质包括：有社会责任感，不屈不挠地与困难做斗争，对不守纪律、懒惰、浪费等现象绝不妥协，等等。这些由年轻共青团员们组成的劳动集体也成为许多活动的倡导者。

思想教育工作之所以能在这类青年劳动者组成的集体中有效实施，是因为他们经常参加学校活动尤其是团组织的活动。这包括出席学校团组织的会议，参加各种文娱活动、读书会和节日活动。每年在十月份秋收以后，年轻的劳动者们都要到学校向共青团员们汇报自己的劳动成绩，这已成了一项传统。

学校不仅鼓励这些曾经的学生参加学校的各种课外活动，还努力帮助年轻人在独立劳动后仍能不断提高自己的文化水平，使他们的精神生活能成为在校生的榜样。这对于帮助学生在毕业前就从思想上做好投身工农业生产劳动的准备是非常重要的。

学校里经常举办文学、艺术晚会，晚会上还专门为青年劳动者举办讲座，向他们介绍文学、绘画和音乐方面的新作品。毕业后参加工农业生产的男女青年们都可以使用学校图书馆。我们也认真研究这些毕业生的阅读内容和阅读兴趣。在读书会和讨论会上，毕业生也可以做报告，分享读书心得，向同学们介绍未来的阅读计划。毕业生的这些报告生动地向在校生们证明，从学校毕业参加工作后，年轻人的精神生活并不贫乏。

自从学校实行了生产劳动制之后，毕业生和在校生之间的联系就更密切了。曾经的学生，现在的生产能手给在校生做报告时，不仅会向学生们一般性地介绍本职工作的社会意义，还能清楚地阐述这门技艺的科学原理，以及有关劳动技术和劳动工艺的细节。

例如，青年机械师雅科夫曾以"联合收割机各机组和部件在工作过程中的相互作用"为题做了一个报告。他在报告中提到，只要很好地掌握了技术，就不仅能提高劳动生产率，还能防止机械损坏和故障发生。年轻的挤奶员玛丽娅则做了一个题为"提高畜牧业劳动生产率的途径"的报告。通过这些报告，同学们认识到，在真正的创造性劳动中，起决定性作用的不是体力而是智力。

能够揭示体力劳动中包含着智力、精神和创造性等多方面的因素，这具有非常重要的教育意义。它让学生们坚信，劳动者的生活是生气勃勃的，精神上是丰富多彩的。这也有助于我们教育者能引导学生不应只把劳动看成有权进入高等学校的某种阶梯，而应把劳动视为一生的事业。

当然，年轻的劳动者渴望接受高等教育，这种愿望既自然也合理。学校则是在为他们实现这个理想提供帮助。在学校里设立了辅导站，在农庄或工厂工作的年轻人可以在这里获得中学大纲规定内容的辅导。近5年来，已有36名已毕业的年轻劳动者在工作2—5

年后进入了高等学校。这是一些最有才能的年轻工人和社员,他们渴望接受高等教育的愿望,是在有了大量生产劳动经验的基础上,在已经形成自己的专业倾向性基础上不断酝酿成熟的。

由毕业生组成的劳动集体,是对在校生进行劳动教育的重要基层组织。暑假期间,我们把仍处于学习掌握各种专业技能阶段的学生,分配给固定的农业机务人员和有经验的农庄庄员。学生在他们的带领下开始生产实习。其中,效果最显著的是把八、九年级的学生分配给他们过去的老同学。

这种由中学毕业生组成的劳动集体很有发展前景。一批又一批新的毕业生不断补充进这个集体,为学校与生产之间建立起真正的联系创造了无限可能。实践证明,建立由受过中等教育的青年组成的劳动集体是提高劳动文明程度的重要措施,也是培养思想觉悟高、劳动能力强的青年的有效途径。

杰出的俄罗斯作家、擅长描写大自然和人的诗人 M. 普里什温写道:社会主义伦理学就是把伟人的思想注入孩子心中。这句话对于作为共青团员和少先队员领路人的我们这些教育工作者而言,意义多么深刻!只有确信自己的每一个学生将来都可能成为伟大人物的教育工作者,才能称为真正的教育工作者。一个真正的教育工作者,在遇到那种懒散懈怠、不爱学习、对一切都不感兴趣、在哪方面都没表现出才能的学生,他的心是不会安宁的。他一定会千方百计地去唤醒这个懒散而缺乏才能的学生的自尊心,并在其毫无察觉的情况下,触动其灵魂深处最敏感的角落。

据我了解,有一所学校在 17 年时间里,连续走出了一个又一个富有才干的农业技术员、畜牧工作者和高产能手。他们中不止一个人在完成高等教育后又回到自己村里当农艺师。因为他们深深地热爱这里的大自然，愿意在这片土地上从事劳动。而发现他们的独特才能和眷恋之情的人，正是他们的天才教师——生物学教师、化学教师，以及农学课外小组的指导教师们。

  一个学生，如果能从他周围的四面八方都看得到召唤他去求知、去劳动、去创造的火花，如果点燃这一指引他勇往直前、克服困难的知识明灯的，不只是一位教师，而是所有教师、所有少先队辅导员，那将会出现一幅怎样的画面呢？若果真如此，就应该出现，也一定会出现这样的场景：每一个学生身上的天赋都将毫无例外地得到发展和展现，每一个学生特有的智慧也都会大放异彩；一切懒散、无能的人都将不复存在，因为每个人生来就是为了要成为天才的创造者的。把社会在道德和智力发展方面的水平提升到上述高度，这就是我们的理想。这就是共产主义。